JN070350

大学受験

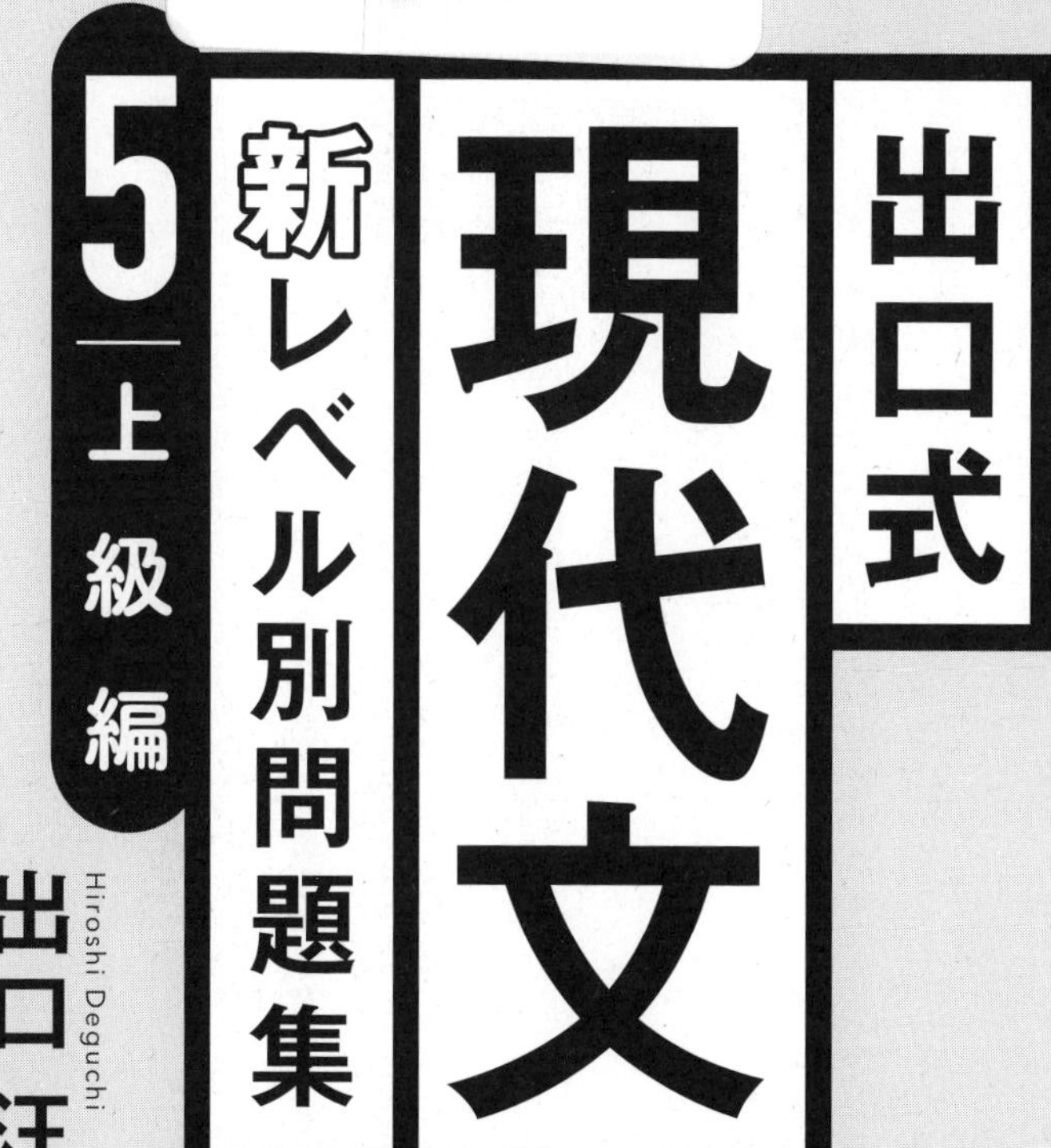

出口式 現代文 新レベル別問題集 5 上級編

出口汪
Hiroshi Deguchi

水王舎

目次

問題編

第1章

問題編

評論

第1章

1

難関私大型の設問形式を理解する

岩井克人『遺伝子解読の不安』

学習日　　月　　日

目標タイム

解答・解説▶ P.4

次の文章を読んで後の問題に答えなさい。

去る六月二十六日、米国のクリントン大統領は記者会見を行い、米ベンチャー企業セレラ・ジェノミクス社と日米欧の国際研究グループがそれぞれ「ヒトゲノム」の解読作業をほぼ完了したと発表しました。

ヒトゲノムとは、「人間の設計図」とでもいうべきものです。それは人間のＤＮＡを構成する四種類の化学物質（塩基）が三十二億続く配列のことで、その中の遺伝子とよばれる部分が脳や血液や骨や内臓となるたんぱく質を作る指令を出し、人間の成長から老化までのあらゆる生命現象をつかさどっているのです。その三十二億の配列がほぼ解明されたというのです。（　**ア**　）

クリントン大統領は、「遺伝子情報を利用した新しい薬づくりの幕開けであり、病気の治療や診断、予防についての新たな時代が始まる」と述べて、（　Ａ　）争いを演じた二つの陣営をたたえました。世界の製薬会社は巨大なビジネス分野の出現に興奮し、[i]キソって新薬開発に乗り出しています。

1　岩井克人『遺伝子解読の不安』

だが、このような経済界の興奮とは裏腹に、人びとの間では言い知れぬ不安が広がっています。それは自分の運命はあらかじめ決まっているのではないかという不安です。それは、人間が人間であることの証であるべき「自由」とは、遺伝子情報に関する無知ゆえの幻想にすぎなかったのではないかという（　Ｉ　）不安です。

二十年前、人間は希望をもっていました。人間とは本来的な可塑性をもつ存在であり、その本性の大部分を後天的に習得するのだという「環境説」が大きな力をもっていたからです。

だが、この二十年間に事態は大きく変わりました。生物学の進展によって、親からの遺伝が人間の能力や性格や行動パターンに決定的な影響を与えていることが次々と明らかになってきたのです。事実、新聞やテレビは毎週のように、性格やアルコール依存度、職業の選択や性的な嗜好などを左右する遺伝子の発見を告げています。（　イ　）異なった環境で育てられた一卵性双生児に関する研究は、攻撃性や道徳心や知能水準などの八割近くが遺伝によって説明できるという報告を行っています。

遺伝学には、ナチスによって民族浄化のために悪用されたという忌まわしい過去があります。それゆえ、良心的知識人の間ではこのような研究動向に関して強い警戒心がいまだに残っています。だが、環境説と遺伝説との間の長年の対立がいま大きく「遺伝説」に傾きつつある事実は、だれも否定することはできないでしょう。科学の目的は、無限の英知への扉を開くことではなく、無限の誤謬にひとつの終止符を打ってゆくことだからです。

そして、このような学問的趨勢をその極限にまで推し進めてきたのが、ハーバード大学名誉教授のエドワード・ウィルソン博士です。アリの生態学の第一人者であり、生物多様性の概念の提唱者であり、社会生物学という学問の主導者でもある博士は、二年ほど前に出版した『知識の統一』という本の中で、経済学や人類学から倫理学や宗教や芸術まで、人間に関するあらゆる知識はすべて遺伝学、さらにはその基礎をなす分子生物学に還元されるべきだという考えを提示しました。

私たち人類は長い進化の過程の中で、社会生活を営むために望ましい行動パターンを生み出すさまざまな遺伝子を蓄積してきました。その遺伝子によって脳の内部にあらかじめ書き込まれた行動パターンの総計こそ、社会的な生物としての「人間の本性」に他ならないと博士は主張するのです。（ **ウ** ）この事実を無視してきた従来の社会科学や人文学は無意味であり、新たな基盤の上に再構築される必要があると言うのです。

どうやら私は二十一世紀には失業の憂き目にあいそうです。あのセレラ社がヒトゲノムの中に人間の経済活動を支配する遺伝子を見つけてしまえば、経済学者の仕事はもはや終わってしまうということです。

だが、本当にそうなのでしょうか？（本当に私は失業するのでしょうか？）本当に人間の経済活動、より一般的には人間の精神活動は、ヒトゲノムの中の遺伝子の作用に還元されてしまうのでしょうか？

もちろん、答えは「否」です。ウィルソン博士の世界的な[ii]ケンイにもかかわらず「否」です。そして私がそう答える理由は、だれもが知っている事実にあります。人間は「言語」を語り、「法」に従い、「貨幣」を使う生物であるからです。

人間は社会的な生物です。だが他の社会的な生物とは異なり、人間はお互い同士の直接的な関係によって社会を形成するのではありません。人間はそもそも言語を媒介としなければ集団を形成できません。法を媒介としなければ共同体を形成できません。貨幣を媒介としなければ交換関係を形成できません。社会的な生物としての「人間の本性」には、それゆえ、人間と人間とを関係づける「媒介」としての言語や法や貨幣が[iii]ヒッスの存在として含まれているのです。

もちろん、セレラ社がどんなに調べても、ヒトゲノムの中に言語や法や貨幣に対応する遺伝子など見いだすことはできないでしょう。（　B　）

それは、人間が言語や法や貨幣を自由に創造しうるから自由であるという意味ではありません。それではかつての（　C　）に戻ってしまいます。それは逆に、言語や法や貨幣が一個の人間には自由にならない外部の存在であることが、人間に人間としての自由の可能性を与えるということなのです。

言語と法と貨幣とは歴史的な存在です。（　**エ**　）そしてそれは、長い進化の過程の中で、個々の人間の認識や目的や欲求をはるかに超えた、意味の体系、規範の体系、価値の体系をそれぞれ築きあげてきたのです。

ユートピア主義者たちは、媒介のない社会——言語も法も貨幣もない社会を夢見てきました。（　**オ**　）しかし、私たち人間は言語を語り、法に従い、貨幣を使うことによって、私たちを超えた意味や規範や価値の体系を自分のものにすることができるのです。そして、まさにそのようにして手に入れた（　Ⅱ　）な立場から、一個の生物としての自分の認識や目的や欲求を相対化することができるようになるのです。自分を見るもう一つの目——「外部」からの目を手に入れるのです。それによってはじめて人間は、自分の「内部」に遺伝的に書き込まれた行動パターンの総計としての存在から「自由」になる可能性をもつのです。すなわち、人間が人間になるのです。

X <u>「言語・法・貨幣」に乾杯です。</u>

（岩井克人『遺伝子解読の不安』一部文章を省略した）

問一　次の文は文中に入るべきものである。最も適切な箇所を文中の（　**ア**　）～（　**オ**　）の中から一つ選び、その記号を書きなさい。

1 岩井克人『遺伝子解読の不安』

それは、人間の記憶の遠い彼方に起源をもち、人間から人間へと継承されてきました。

5点

問二 文中には、その内容から言っても、論旨の展開から言っても、余分な文が一つだけ挿入してある。その文の最初の五字と最後の五字をそれぞれ抜き出して書きなさい（句読点や記号も含む）。

最初

最後

5点

問三（　Ⅰ　）・（　Ⅱ　）に入る最も適切な語句を次の**ア**〜**エ**の中からそれぞれ一つずつ選び、その記号を書きなさい。

（　Ⅰ　）**ア** 形而上学的（けいじじょうがく）　**イ** 実存的　**ウ** 不可知論的　**エ** 本能的

（　Ⅱ　）**ア** 高跳的　**イ** 客観的　**ウ** 抽象的　**エ** 超越的

Ⅰ

Ⅱ

6点（3点×2）

問四　（　A　）に入る最も適切な語句を漢字二字で書きなさい。

3点

問五　（　B　）には次の四つの文から成り立つ文章が入る。これらを意味が通るように並べかえたとき、最後に位置するのはどの文か。次の**ア**～**エ**の中から一つ選び、その記号を書きなさい。

ア　そして、まさにここに人間の「自由」の可能性が生まれてくるのです。

イ　たしかに人間は言語や法や貨幣を媒介とする能力を遺伝的に蓄積してきました。

ウ　言語も法も貨幣も、少なくとも生まれたての人間にとっては、まさに脳の「外部」から与えられる存在なのです。

エ　だが、言語それ自体、法それ自体、貨幣それ自体は、人間の脳の内部にあらかじめ埋め込まれているわけではないのです。

5点

問六　（　C　）に入る最も適切な語句を文中から五字以内で抜き出して書きなさい（句読点や記号も含む）。

1 岩井克人『遺伝子解読の不安』

問七 傍線部Ｘ「『言語・法・貨幣』に乾杯です」とあるが、その理由を説明しているものとして最も適切なものを次の**ア**～**オ**の中から一つ選び、その記号を書きなさい。

ア 遺伝学の発達という今日的状況の中で、「言語・法・貨幣」の役割がはじめて正当に評価される時期を迎えつつあることを祝いたいから。

イ 長い進化の過程で築きあげられてきた「言語・法・貨幣」を持つことで、人間には更なる進化の可能性があると言えることを祝いたいから。

ウ 二十一世紀になっても、「言語・法・貨幣」が経済学という著者の学問分野に根拠を与え続けてくれる確証が得られたことを祝いたいから。

エ 人間にとって自由にならない存在である「言語・法・貨幣」が、かえってそのことで人間に自由の契機を与えてくれることを祝いたいから。

オ 「言語・法・貨幣」が媒介としての役割を果たしたことによって、媒介のない社会への長年の夢が一歩実現に近づいたことを祝いたいから。

4点

6点

問八 本文の論旨に合うものを、次の**ア**〜**オ**の中から二つ選び、その記号を書きなさい。

ア ヒトゲノムの解読によって、新たな治療や診断の可能性が開けたことは疑えないが、一方では人間にとって未知の危険性にも直面することになった。

イ 今後、ヒトゲノムの解読が精密の度を増し、新しい遺伝子情報が獲得されてくれば、人間が人間でありえる可能性が再び揺らぐことになるかもしれない。

ウ 人間の「外部」にあって、人間と人間を関係づける「媒介」としての言語・法・貨幣を持つことは、社会的な生物としての「人間の本性」そのものであるといってよい。

エ これまで「環境説」が大きな力をもっていたのは、遺伝子情報に関する研究が進展していなかったことに加えて、その立場が人間に希望をもたらすものであったためである。

オ 人間に関するあらゆる知識が、遺伝学や分子生物学に還元されるべきだというウィルソン博士の提唱は、科学者の立場としては理解できても、経済学者の立場からは「否」と言わざるをえない。

10点（5点×2）

問九　傍線部ⅰ〜ⅲの片仮名を漢字に直して書きなさい。

ⅰ	ⅱ	ⅲ

6点（2点×3）

得　点
／50点
合格点 35点

第１章
2

●紛らわしい選択肢の選び方

都城秋穂『科学革命とは何か』より

学習日　　月　　日

解答・解説▶P.20

次の文章を読んで後の問題に答えなさい。

次の文章Ａは、アメリカの科学史家トーマス・クーンが提唱する「パラダイム」という概念を説明したものである。文章Ｂでは、同概念をもちいて「自然科学はいかなる過程をとって発展するか」が論じられている。

Ａ　個々の科学分野の歴史の最初期には、その分野の最も根本的な問題についても、さまざまに異なる見解が対立しているのがふつうである。ところがその分野の研究がもっと進んでくると、その分野の研究者全部が根本的な考え方では一致してくるようになる。すなわち、その分野の科学者共同体（科学者仲間、科学者集団、scientific community）の全体が、既存のある法則や理論を正しいと認め、それにしたがって問題を解くようになる。そのためには、同じ用語や、同じ記号や、同じモデルを使うようになる。その法則や理論を使って問題を解くときのやり方をしめす模範例ができ

2　都城秋穂『科学革命とは何か』より

て、学生はそれによって教育される。その法則や理論に基づいて行なう実験のために、同じような装置が使われるようになる。そして、①その共同体に属する科学者たちは、共通の価値観をもつようになる。このように、一つの科学者共同体のなかで、すべての人によって支持される法則、理論、用語、記号、モデル、方法、模範例、装置、価値観、自然観などのすべてを一括して、クーンは「パラダイム」(paradigm)と名づけた。このパラダイムが、研究上の伝統をなしている。

(中略)

B　その時代のパラダイムで説明できない現象がみつかっても、ふつうはたいして注意をひかない。もっと工夫をすれば何とか解決できるだろうと思って放置される。しかし、そういう現象が多くなると、それに注意する敏感な人が現われて、その時代のパラダイムに疑いをもつようになる。疑いをもつ人の数が増加すると、研究者間に②パラダイムに対する危機(crisis)の意識が広まり、「③非通常科学」(異常科学、extraordinary science)の時期になる。いろいろな人が、それらの現象を説明する新しい理論を考えるようになる。

新しい理論が提案されると、それはそれまでのパラダイムをつくっている古い理論と比較され、さらに自然についての観測や実験と比較される。新しい理論のほうがよさそうだと感ずる研究者が多くなると、「科学革命」(scientific revolution)が始まる。それまでの古い理論で説明されていた現象のすべてを、新しい理論で説明する努力が始まる。その結果、関係ある科学者共同体の大部分が古いパラダイムを捨てて、新しい理論を認めるようになると、科学革命は実際上完了する。そして、新しい理論に基づいた新しいパラダイムが生まれ、それに基づく通常科学が始まる。

常識的科学観によると、理論は自然（観察、実験）と比較され、それと合わなければ放棄される。この考えは*ポパーの反証主義にも残っていた。しかしクーンの考えによると、通常科学の時期にはそのパラダイムに対する信頼感が強いから、その理論が自然と比較されて、合わないからといって放棄されるということは、実際は起こらない。その理論がもし観測と合わなければ、もっと工夫すればそのうちに合うように説明できるだろうと思って、それを未解決のパズルとして放置する。せいぜい、その理論を少しばかり修正するか、または仮定を追加して、つじつまを合わせようとする。ところが危機感が生まれてくると、合わないことをただ放置するのではなくて、対策を試みる人がでてくる。なかには新しい理論を考える人もある。古い理論と対立する新しい理論が現われたときにはじめて、④二つの理論と自然とが比較され、新しい理論のほうをもっともらしいと思う人は、古い理論を放棄する。科学革命は、古い理論を支持する人たちと、新しい理論を支持する人たちとの間の競争として起こる。

常識的科学観によると、科学革命とは、ある一定した観察や実験のデータに対する解釈が変わることである。しかしこのような見方では、⑤科学革命の性質を十分に表わせない。科学革命によって一つの分野のパラダイムが変わると、同じ現象を見ても、それを取り扱う見方、考え方が変わり、

2　都城秋穂『科学革命とは何か』より

その現象について取り上げる問題が変わる。パラダイムが変わると、今まで重要であった問題やデータが、まったく無意味なように見えてくることもある。その問題を解くためには、新しい概念組織や用語や、観察や実験の新しい方法を使うようになる。結局、その現象を見る見方が変わり、その意味で⑥パラダイムは一つの自然観を含んでいる。

古いパラダイムを支持する人も、新しいパラダイムを支持する人も、どちらも自分のパラダイムの方が正しいことを論理的に完全な証明によって相手に示すことはできない。なぜかというと、対立する二つのパラダイムは、前提も考え方も用語も違っていて、「共約不可能」（通約不可能、incommensurable）、すなわち同一の基準で測れない、からである。したがって、科学者共同体の大部分が古いパラダイムを捨てて新しいパラダイムを採用するようになるのは、純粋に論理的な過程ではなくて、⑦いわば宗教的回心（conversion）に似た、考え方の変化（転換）である。

（都城秋穂『科学革命とは何か』より　一部文章を省略した）

＊ポパー…カール・ポパー。英国の科学史家。仮説の反証可能性を科学的方法の基礎とした。

問一　傍線部①「その共同体」とはどのようなものか。最も適切なものを次の**ア**〜**オ**の中から一つ選び、その記号を書きなさい。

ア　ある特定の地域社会に属している科学者の集団。

イ　ある特定の価値観、自然観を共有している科学者の集団。

ウ　ある特定の問題を研究対象とする科学者の集団。

エ　ある特定の装置によって実験をしている科学者の集団。

オ　ある特定の法則や理論を共有する科学者の集団。

□

5点

問二　傍線部②「パラダイムに対する危機（crisis）の意識」とはどのようなものか。最も適切なものを次の**ア**〜**エ**の中から一つ選び、その記号を書きなさい。

ア　パラダイムという概念自体が成立しなくなるという疑念。

イ　価値観や自然観はともかく、理論には絶対的な信頼がおけなくなるという疑念。

ウ　理論、価値観、自然観にわたって信頼がおけなくなるという疑念。

エ　科学者共同体が分裂するのではないかという疑念。

□

5点

2　都城秋穂『科学革命とは何か』より

問三　傍線部③「非通常科学」の時期の特徴ではないものを次の**ア**〜**エ**の中から一つ選び、その記号を書きなさい。

ア　その時代のパラダイムとは相容れない理論が提案されるようになる。

イ　その時代のパラダイムの妥当性に疑いの念をもつ人が増加してくる。

ウ　その時代のパラダイムで説明できない現象でも、未解決のパズルとして放置される。

エ　その時代のパラダイムをつくっていた理論と新しい理論とが比較検討されるようになる。

□

６点

問四　傍線部④「二つの理論と自然とが比較され」とは実際にはどのようなことであると考えられるか。最も適切なものを次の**ア**〜**エ**の中から一つ選び、その記号を書きなさい。

ア　二つの理論をそれぞれ別個の自然現象と比較し、それぞれの妥当性を確認する。

イ　二つの理論をある特定の自然現象と比較し、その整合性に差があるかを調べる。

ウ　二つの理論を複数の自然現象と比較し、同等の整合性をもつことを確認する。

エ　二つの理論をさまざまな自然現象と比較し、自然に対する見方の違いを確かめる。

□

６点

問五　傍線部⑤「科学革命」においてはどのようなことが起こるか。次の**ア**～**エ**のうち、本文の内容に合致するものにA、合致しないものにB、と書きなさい。

ア　古い理論が扱ってきた観察や実験データはそのまま残るが、その解釈は大幅な修正を受ける。

イ　同じ現象に対しても、見方や考え方が変わるので、古いデータの多くはまったく意味をもたなくなる。

ウ　理論の枠組は変わっても、古い自然観や概念組織は通常保持される。

エ　説明の対象となる問題自体、ないしはその重要性が根本的に変化する。

ア	イ	ウ	エ

8点（2点×4）

問六　傍線部⑥「パラダイムは一つの自然観を含んでいる」とはどのようなことか。最も適切なものを次の**ア**～**エ**の中から一つ選び、その記号を書きなさい。

ア　同じ一つの現象でも、それが自然に関わるものならば、パラダイムが変化してもその解釈や位置付けは変わらないこと。

2　都城秋穂『科学革命とは何か』より

イ　パラダイムの成立は必ずしも科学的なものではなく、人間と自然との共存関係に依存していること。

ウ　どのパラダイムをとるかによって、自然現象に対する見方が変わること。

エ　パラダイムが変わっても、一定の観察やデータに対する解釈が変わるだけで、自然に対する見方は変わらないこと。

6点

問七　傍線部⑦「いわば宗教的回心（conversion）に似た、考え方の変化（転換）である」とはどのようなことか。最も適切なものを次の**ア**〜**エ**の中から一つ選び、その記号を書きなさい。

ア　古いパラダイムの不備を論理的に証明することができない以上、それを捨てるか否かは、感覚と感情の問題である。

イ　新しいパラダイムの正しさは論理的には証明できないので、それを受け入れるか否かは、考え方を根本的に変えることができるか否かにかかっている。

ウ　新しいパラダイムへの移行は、科学者共同体のどれだけの人が、移行に賛成するかにかかっている。

エ　新旧パラダイムの優劣が同一の基準では測れない以上、どちらをとるかは、科学者個人の人生観にかかっている。

6点

問八　自然科学の発展の過程について、次の**ア**～**エ**のうち、本文の内容と合致するものにA、合致しないものにB、と書きなさい。

ア　理論は自然を説明するものであるから、観測結果と合わなければ放棄されるべきものであり、実際、科学においては常にそのように行われている。

イ　理論が自然の観測結果と合わなくても放棄されないことがあるという事実は、パラダイムへの信頼感の強さを示している。

ウ　二つのパラダイムが共約不可能であるのは、科学革命によって概念組織が変わってしまうからである。

エ　自然科学の発展には、科学者の純粋に論理的な思考だけではなく、論理を超えて考え方を転換できることが必要である。

ア　イ　ウ　エ

8点（2点×4）

2 都城秋穂『科学革命とは何か』より

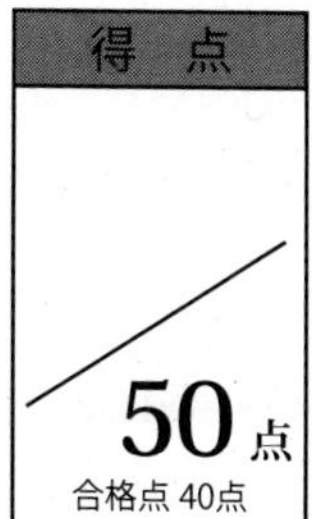

第1章

3

「対立関係」を意識する

原 仁司『前衛としての「探偵小説」――あるいは太宰治と表現主義芸術』

学習日  月  日

目標タイム

分

解答・解説▶P.36

次の文章を読んで後の問題に答えなさい。

探偵小説は、その性質上、犯人の「内面」が直截（ちょくせつ）描かれる機会が少ないために、個別の「罪」の問題はどうしてもステレオタイプ（紋切り型）化されて取り扱われることになる。「人はみな誰もが罪を負っている」という共通の、そして（　A　）が先行する。それゆえ犯罪行為は、常にある一定の普遍的出来事として、誰もが承認できる半ば記号化されたものとして処理されねばならない。たとえどのように残虐な事件でも、そこには理にかなった動機が必要だ。犯人の「内面」は、われわれ読者が了解可能な①合理性の範疇（はんちゅう）に属していなければならないのである。たとえ犯人が異常性格者であったとしても、だ。

だがその結果、犯人の「罪」は制度としての「法」によってしか裁かれないことになる。ドストエフスキーの『罪と罰』が探偵小説でありえないのは、作者が、法制度によって裁かれる犯人の末路を、作品の到達目標と考えなかったことにⅰキインしている。『罪と罰』の作者は、事件が鮮やか

3　原 仁司『前衛としての「探偵小説」―あるいは太宰治と表現主義芸術』

に解決される劇的な場面をめざしたのではなく、あくまでも犯罪によって生じた②「罪」の概念を、実存的に掘り下げていくことをめざしていたからである。それに比べ、探偵小説は、「罪」の実存的な掘り下げを課題にするというよりも、「罪」が現実社会との関係性——構図のなかで、どのように位置づけられるかをもっぱら話柄（課題）にする。どのように衝撃的なのか、どのように異常なのか、どのようにそこには見えない動機がじつは隠れていたのか、が「読み」の前提となる。だから犯人の苦悩も狂気も、孤独も、昏迷も、すべてがわれわれ読者にとって理詰めで解釈されるものでなければならない。換言すれば、③犯人の「内面」は、不条理の壁をぎりぎりまで登りつめることはあっても、決してそれを向こう側に乗り越えてはならない、ということだ。

ところが太宰は、「女の決闘」において、次に引く*ヴィリエ・ド・リラダンの洒脱な挿話をもちいながら、その不条理の高い壁を性急に乗り越えようと試みる。

——リュシエンヌよ、私は或る声楽家を知っていた。彼が許嫁の死の床に侍して、その臨終に立会った時、傍らに、彼の許嫁の妹が身を慄わせ、声をあげて泣きむせぶのを聴きつつ、彼は心から許嫁の死を悲しみながらも、許嫁の妹の涕泣に発声法上の欠陥のある事に気づいて、その涕泣に迫力を添えるには適度の訓練を必要とするのではなかろうか。と不図考えたのであった。而もこの声楽家は、許嫁との死別の悲しみに堪えずしてその後間もなく死んでしまったが、許嫁の妹は、世間の掟（おきて）に従って、忌の果てには、心置きなく喪服を脱いだのであった。

（「女の決闘」）

④どうして余人に、当事者（声楽家）の苦悩が測り知れるであろう。肉親（妹）であっても「忌の果て」には、けろりとなにごともなかったように生きていける。あれほどの愛を誓った許嫁を先立たせたのは、そこにどんな事情が絡んでいたとしても——病気であろうとも——やはり彼個人にとっての「罪」なのだ。それは、彼だけに訪れる個別の「罪」であり、余人と共有（共感）できるそれでは断じてない。*キェルケゴールも次のようにいっている。

> 罪を思考の対象にすることはできるだろう。けれども個別的な罪びとは思考の対象にはならない。それだからこそ、罪が単に思考の対象とされるときには、罪を真剣に問題にすることができないわけである。真剣な問題になるのは、罪一般ではなくて、君が、そして私が罪びとであるということである。
>
> （「死にいたる病」）

「罪一般」として考えれば、婚約者の声楽家はそのとき気が変になっていたのではないか、あるいは彼は、じつは彼女のことをそれほど深くは愛していなかったのではないか、または（　B　）、などと「余人」から解釈（分析）されるのだろう。平均値を好む「余人」とは、常にそのようなものである。だから*デュボアが次のようにいったとしても、探偵小説というジャンルはやはり（じつはデュボア自身もあとで付け加えているように）「罪」の問題を実存的に掘り下げることを可能にはしていない。すべての「罪」にまつわる主体的・倫理的な課題は「先送りされ」、境界線のぎりぎりまで近づくことはあっても、すぐにそこから――不条理の辺土から――立ち退きを命ぜられてしまうのである。

> 探偵小説の解明＝発見型の語りは、アイデンティティを問題にし、個人を罪へと直面させ、その死と戯れるがゆえに、存在とその本質にかかわる古くからの存在論的な問いを再び取り上げ、その存在の安定性をめぐるより現代的なまなざしにつながっていく。
>
> （『探偵小説あるいはモデルニテ』）

「常識」の側に立てば、「罪」の課題の個別性などは、社会契約的な相関の図式に還元されるもの以外はみな一笑に付されてしまうに相違ない。「アイデンティティ」も、たしかに「問題に」はされるだろうが、それはほとんど骨抜きの中心性を欠いた思想において、かりそめに弁じられるのが落ちだ。「探偵小説というモダンのテクストは、司法機関の存在をタンポ[ii]として、悪Malを過失Fauteへと置きかえ、その形象をそっけなく簡略化されたものとして描き出す」（デュボア）。この世の「悪」は、もはや昔日の悪Malではなく法制度によってのみ裁かれる悪Fauteへと変じてしまった。「人間失格」のなかで太宰もいっている。「罪の対義語が、法律とは！　しかし、世間の人たちは、みんなそれくらいに簡単に考えて澄まして暮らしているのかも知れません。⑤刑事のいないところにこそ罪がうごめいている、と」『悪と罪とは違うのかい？』『違う、と思う。善悪の概念は人間が作ったものだ。人間が勝手に作った道徳の言葉だ』」。

　明らかに太宰は、ここでキリスト者としての「罪」の課題を意識している。表現主義芸術が、「原始キリスト教」を範として世俗的教会制度を否定し、また物質主義・機械文明を嫌忌し「内面」性の深化へと向かったように、太宰もまた一九三六年のキリスト者*内村鑑三（の著書）との出合い以来、『聖書』を耽読（たんどく）し教会主義を否定し、「内面」的な「罪」の意識の深化へと向かっていった（付記すれば、もともと太宰が青年のころに愛したカンディンスキーの画集も、その大部分はわれわれがいま想像するような幾何学的抽象絵画ではなく、原始キリスト教を想起させる汎神論的な神秘世界を画題（テーマ）とした宗教画であった）。

　その発端は、むろん鎌倉の海でのあの*心中事件（一九三〇年）にたどることができる。この事件を引き起こした当時の彼は、事件を追及する刑事（法の代理人）たちを前にして、おそらく真相

3　原 仁司『前衛としての「探偵小説」―あるいは太宰治と表現主義芸術』

を「告白」（自供）することはできなかったであろう。そして、なによりも*津島家の権勢が、法の裁きを無効化してしまったであろうその時点から、彼の深切な「罪」の意識は胎動しはじめ、また、さらに薬物中毒で精神病院に強制入院させられた「人間失格」の経験（一九三六年）が、真実の「告白」（告解）への道を彼に準備させたにちがいない。*カントいわく「過ちを犯した時、実際彼は自由であり、これをやめることもできたはずだということに一旦彼自身気づいてしまったら、⑥どんなに彼に有利なように語る弁護人も、彼自身の内なる原告を黙らせることはできない」。

かつて女を死に至らしめた男の「罪」は、神のみがその裁きを下せるものであったはずだ（繰り返すが「法」は無力だった）。ましてや、その「罪」を「罪一般」の問題として、思弁をもちいて真率な「告白」（自己暴露）へと至らせる術など彼にはなかったといえるだろう。あくまでも真のキリスト者＝「単独者」にとって、「罪」は個別の課題として意識されたときにこそ、初めて「真剣な問題に」なりえるからだ。戦時中、太宰は弟子の小山清に「⑦若(も)し神がいなかったら、僕達が人知れずした悪事はいったい誰が見ているのだ」と真剣な口調で語ったというが、この言葉を彼自身の心中体験と照らし合わせて考えれば、彼が「罪」概念の普遍的な解釈をではなく、その不可侵の個別性をこそ追求していたこと、科学的な因果律では導きえない実存の究極の深みをこそ切望していたことがうかがえるのである。

（原 仁司『前衛としての「探偵小説」―あるいは太宰治と表現主義芸術』）

＊ヴィリエ・ド・リラダン…フランスの小説家（一八三八〜一八八九）。
＊キェルケゴール…デンマークの哲学者（一八一三〜一八五五）。
＊デュボア…ベルギーの評論家（一九三三〜）。
＊内村鑑三…宗教家・評論家。キリスト教者として多くの青年に影響を与えた（一八六一〜一九三〇）。
＊心中事件…太宰と田部シメ子との心中事件。シメ子は死亡し太宰は生き残った。
＊津島家…太宰の実家（太宰の本名は津島修治）。津軽の素封家で太宰の心中事件をもみ消した。
＊カント…ドイツの哲学者（一七二四〜一八〇四）。

問一　傍線部ｉ・ⅱの片仮名を漢字に直して書きなさい。

ｉ

ⅱ

2点（1点×2）

問二　（　Ａ　）に入る最も適切なものを次の**ア**〜**オ**の中から一つ選び、その記号を書きなさい。

ア　不可解な謎　**イ**　慈悲の眼差し　**ウ**　混乱した真実
エ　先入観の否定　**オ**　暗黙の了解

2点

3　原仁司『前衛としての「探偵小説」―あるいは太宰治と表現主義芸術』

問三　傍線部①「合理性」と異なる意味合いで用いられている本文中の語を、次の**ア**〜**オ**の中から一つ選び、その記号を書きなさい。

ア　理詰め　**イ**　不条理　**ウ**　平均値　**エ**　常識　**オ**　法制度

□　2点

問四　傍線部②「『罪』の概念を、実存的に掘り下げていくことをめざしていた」とあるが、それはどういうことか。その説明として最も適切なものを次の**ア**〜**オ**の中から一つ選び、その記号を書きなさい。

ア　ステレオタイプになりがちな探偵小説に、残虐な動機や異常性格などの要素を取り入れ、差別化を試みようとした。

イ　個別の「罪」の概念を、誰もが理解できる一般論へと解釈し直し、文学の次元で作品化しようとした。

ウ　余人の世界からかけ離れた衝撃的で異常な「罪」であっても、合理性の範疇に引き戻しそれを罰しようとした。

エ　「罪」の本質を法制度レベルで処理せず、その奥の犯罪者の個別的な苦悩まで突き詰めて解釈しようとした。

オ　現実存在としての犯人に焦点をあて、その人間性の複雑さから事件の謎を理詰めで解き明かそうとした。

6点

問五　傍線部③「犯人の『内面』は、不条理の壁をぎりぎりまで登りつめることはあっても、決してそれを向こう側に乗り越えてはならない」とあるが、それはどういうことか。その説明として最も適切なものを次の**ア**〜**オ**の中から一つ選び、その記号を書きなさい。

ア　犯罪者の内面は不可解なものであり、その犯行動機をどこまでも追及していては、途中で読者の興味を失わせて、探偵小説としては失敗に終わるということ。

イ　探偵小説においては、犯人の犯行動機を誰もが納得する常識の範囲で解明すべきであり、犯人の説明しがたい内面にまで踏み込んではならないということ。

ウ　「罪」を法制度の中で決着させるのが探偵小説の領分であって、犯人にどんな「罰」をあたえるかは個々の読者の問題だということ。

エ　犯人の実存的な苦悩を解明するのには、彼の不条理な人間性を明らかにすれば十分であり、それ以上の理解はもはや不要だということ。

オ　「罪」の持つ個別性は、社会契約的な相関の図式に還元できるもの以外、一般人には興味がないのだから、探偵小説は逆に彼等の意表を突かねばならないということ。

6点

問六　傍線部④「どうして余人に、当事者（声楽家）の苦悩が測り知れるであろう」とあるが、それはなぜか。その理由として最も適切なものを次の**ア**〜**オ**の中から一つ選び、その記号を書きなさい。

ア　当事者と同じ境遇に身を置かなければその心が察知できないほど、人間は愚かしい存在であるから。

イ　深い苦しみに直面した時、人間は理性を失ってしまうため、だれも当事者の精神を理解できないものだから。

ウ　一般に人は当事者の錯綜（さくそう）した深い心理的な悩みまでは理解できず、平凡な常識の範囲で判断してしまうものだから。

エ　余人は犯された罪そのものよりも、罪を犯した当事者の個別な心理の方に興味を抱きがちなものだから。

オ　人は自ら背負っている原罪に気づかず、他者の犯した罪に対する罰のことばかりを考えようとするものだから。

6点

問七（　Ｂ　）に入る最も適切なものを次の**ア**～**オ**の中から一つ選び、その記号を書きなさい。

ア 不謹慎だ　**イ** 正直者だ　**ウ** 仕方のないことだ
エ 人情の自然だ　**オ** 予想通りだ

6点

問八 傍線部⑤「刑事のいないところにこそ罪がうごめいている」とあるが、それはどういうことか。その説明として最も適切なものを次の**ア**～**オ**の中から一つ選び、その記号を書きなさい。

ア 法制度の網をくぐり抜けるようなところにこそ、罪がうまれるものだということ。
イ 本当の意味での罪とは、法律で解決できないさらに深い次元にこそあるものだということ。
ウ たとえ警察が罪に対処しても、またすぐに新しい罪が世間に広がるものだということ。
エ 警察が犯罪者をとらえても、善悪の概念で彼を処罰し改心させるわけではないということ。
オ 人の見ているところでさえ、知らないうちに犯罪が成立してしまっているものだということ。

6点

3 原 仁司『前衛としての「探偵小説」―あるいは太宰治と表現主義芸術』

問九　傍線部⑥「どんなに彼に有利なように語る弁護人も、彼自身の内なる原告を黙らせることはできない」とあるが、それはどういうことか。その説明として最も適切なものを次の**ア**～**オ**の中から一つ選び、その記号を書きなさい。

ア　無自覚な犯罪者にとって、弁護によって罪が軽減されても裁判制度が本当に機能したとはいえないということ。

イ　弁護というものは部外者によってなされるもので、結局十分な犯罪解明がされるわけではないということ。

ウ　犯罪者を裁ける存在は唯一被害者のみであって、法制度そのものにはじめから予盾があるということ。

エ　弁護されねばならない存在であるという時点で、そもそも被告に完全な無罪というものはありえないということ。

オ　本当の罪の意識は当事者のみが真に知っているものであり、法制度によってそれが軽くなるものではないということ。

□ 6点

問十 傍線部⑦「若し神がいなかったら、僕達が人知れずした悪事はいったい誰が見ているのだ」とあるが、それはどういう意味か。その説明として最も適切なものを次の**ア**〜**オ**の中から一つ選び、その記号を書きなさい。

ア どんなささいな罪であれ誰かに被害は及んでおり、裁判になることがなくても神だけは当事者を相応に裁いているのだという意味。

イ 他人の目は逃れたとしても、被害者は現にいるのであり、その思いは必ず神にとどいて、いつか加害者は罰せられるのだという意味。

ウ 法にふれるかどうか以前に、人はそもそも罪を犯して生きている存在であり、それを自覚した個人を裁き得るのは神だけなのだという意味。

エ 科学的な因果律によって罪の原因を異常なものとして安易に解釈せず、加害者の心に人は耳を傾けねばならないという意味。

オ 裁く者も裁かれる者も等しく罪深い人間であるということを忘れてしまうと、人は公正な神の啓示を見失ってしまうという意味。

□

6点

問十一　太宰治の作品を次の**ア**～**オ**の中から一つ選び、その記号を書きなさい。

ア　ヴィヨンの妻　**イ**　暗夜行路　**ウ**　地獄変
エ　明暗　**オ**　痴人の愛

2点

得点
50点
合格点 40点

苫野一徳『教育の力』より

目標タイム

解答・解説▶P.50

次の文章を読んで後の問題に答えなさい。

そもそも教育とは何か、そしてそれは、どうあれば「よい」といいうるのか。教育を具体的に構想・実践するための〝足場〟を明らかにしたいと思います。

この問いに明確な指針が与えられなければ、教育の政策も日々の実践も、（　Ⅰ　）することになりかねません。だからわたしたちは、どうしてもこの問いに、できるだけ皆が深く納得できる〝答え〟を見出す必要があるのです。

そのためには、迂遠（うえん）なようですが、まず人類の歴史を簡単に振り返ってみなければなりません。というのも、公教育が登場したのは長い人類史上においてまだわずか二〇〇年ほど前のことであり、そしてそれは、まさにその長い歴史を経てわたしたちがついにつくり上げた、人類最大の発明の一つであったからです。以下に述べる公教育登場の歴史や理由をしっかり理解しておくことで、わたしたちは、Xそもそも公教育とは何なのか、それは本当に必要なのか、もし必要だとするならば、

4　苫野一徳『教育の力』より

どうあれば「よい」といえるのか、はっきりさせておくことができるだろうと思います。

人類が、それまでの狩猟採集生活から定住・農耕・蓄財の生活へと徐々に移行していくようになったのは、約一万年前のことといわれています。そしてこのいわゆる「定住革命」「農業革命」は、人類の「進歩」のきっかけをつくった最初の大革命であったと同時に、その後、現代にまでいたる、長い戦争の歴史の始まりであったともいわれています。

蓄財の始まりは、その奪い合いの始まりでもあったのです。人類は約一万年前より、いつ果てるとも知れない戦争の時代に突入しました。哲学者の竹田青嗣（たけだせいじ）は、これを「普遍闘争状態」と呼んでいます。

この拡大し長引く「普遍闘争状態」に一定の終止符を打ったのは、歴史上、まず最初は古代帝国の登場でした。エジプト諸王朝、秦（しん）王朝、ローマ帝国など、大帝国の登場が、戦争を抑止し秩序をもたらしました。竹田の言葉をふたたび借りれば、「覇権の原理」が戦争を終わらせたのです。

しかしいうまでもなく、これら帝国もまた、次の新たな帝国に討ち滅ぼされていくことになりました。人間社会は、こうしてきわめて長い期間にわたって、「普遍闘争状態」と「覇権の原理」を繰り返し続けてきたのです。

①この繰り返される命の奪い合いを、どうすれば原理的に終結させることができるだろうか？　いつの時代も、これは人類最大の課題の一つでした。

二百数十年前、その最も原理的な答えが、ついに近代ヨーロッパにおいて見出されることになります。

それは次のような「原理」でした。

なぜ人間は戦争をやめることができないのか？　②それは、わたしたち人間が〈自由〉になりたいという欲望を持っているからだ！

ここでいう〈自由〉への欲望とは、ありていにいうと、「生きたいように生きたい」という欲望のことです。人はだれもが、「生きたいように生きたい」という欲望、つまり〈自由〉への欲望を持っている。近代ヨーロッパの哲学者たちはそう考えました。

そんな欲望、自分にはない、という人も、もしかしたらいるかもしれません。あるいは、「生きたいような生き方」がどんなものか分からない、という人も、きっと少なくないでしょう。

しかしわたしの考えでは、そうした人たちも、やはり「生きたいように生きたい」という欲望をその根本には持っています。というのも、そうした人たちも、一生奴隷のように労働させられるとか、一生いじめられ続けるとか、そんな生き方はしたくない、という欲望なら、きっとあるだろうからです。それもまた、いってみれば、そのような生き方ではない生き方をしたいという、ある種の〈自由〉への欲望です。人それぞれその強度は違っていたとしても、わたしたちは多かれ少なかれ、こうした〈自由〉への欲望、つまり「生きたいように生きたい」という欲望を、その根本に抱えてしまっているのです。

一万年もの間、わたしたちが戦争をなくすことができずにきたのはそのためです。なぜか？　次のように考えてみると、分かりやすいのではないかと思います。たとえば動物同士の争いの場合だと、勝敗が決まればそれで戦いは終わります。それはおそらく、動物たちが「生きたいように生きたい」という〈自由〉への欲望を満たすために戦っているというよりは、自然によってそのようにプログラムされているからです。

しかし歴史上、人間は多くの場合、負けて奴隷にされて〈自由〉を奪われるくらいなら、死を賭してでも戦うことを選んできました。奴隷の反乱の例は、歴史上、枚挙に暇がありません。現代においても、わたしたちは自由を奪われた人びとの戦い――アメリカの公民権運動や近年の「アラブの春」など――を目撃し続けています。

要するに人間は、自らが生きたいように生きたいという欲望、つまり〈自由〉への欲望を本質的に持ってしまっているがゆえに、この〈自由〉を求めて、相互に争い合い続けてきたのです。

もちろん、戦争の理由は時と場合によってさまざまです。食糧や財産を奪うためだったり、プライドのためだったり、憎しみのためだったり。しかしこれらすべてに、実は〈自由〉への欲望が横たわっているのです。「生きたいように生きたい」からこそ、富を奪い、プライドを守り、憎しみを晴らしたいと思うのです。そして、富を奪われたら奪い返したいと思い、プライドを傷つけられたら傷つけ返したいと思い、憎しみはまた新たな憎しみを生んでいく……。すべて、「生きたいように生きたい」という〈自由〉への欲望のあらわれなのです。

では、わたしたちが本質的に〈自由〉への欲望を持ってしまっているのだとするなら、どうすればこの欲望のせめぎ合いを軽減し、戦いを終わらせ、そして一人ひとりが十全にそれぞれの〈自由〉を達成することができるようになるのでしょうか？

この問題を徹底的に考え抜いたのは、ホッブズ、ロック、ルソーといった哲学者たちです。そしてわたしの考えでは、一九世紀ドイツの哲学者、G・W・F・ヘーゲルによって、ついにその集大成が示されることになりました。

ヘーゲルがたどり着いた結論はこうです。

わたしたちが〈自由〉になりたいのであれば、「自分は自由だ、自由だ！」などと、ただナイーヴに自分の〈自由〉を主張するのではなく、あるいはそれを力ずくで人に認めさせようとするのでもなく、まずはいったん、お互いがお互いに、相手が〈自由〉な存在であることを認め合うほかにない！

どんなに強大な力を持った人も、自分の〈自由〉を人に力ずくで認めさせ続けることは、長い目で見ればほとんど不可能です。人間の腕力など、大きな視野から見れば実はどんぐりの背比べ、といったのはホッブズですが、実際わたしたちは、たとえばどんなに力を持った人であっても、何人

4　苫野一徳『教育の力』より

かでチームを組んだり知略をめぐらせたりすれば打ち倒せるものです。

　どんな帝国も、どんな君主も、その権力を永続化させようとすれば、それを阻む勢力によって必ず打ち倒されてきました。そしてそのたびに、激しい命の奪い合いが繰り広げられてきたのです。

　だからこそ、わたしたちは、自分が〈自由〉になるためには、他者の〈自由〉もまた、つまり他者もまた〈自由〉を求めているのだということを、ひとまずお互いに承認し合う必要がある。そしてその上で、相互の納得が得られるように、互いの〈自由〉のあり方を調整する必要がある。そうでなければ、わたしたちは互いに自分の〈自由〉をただナイーヴに主張し合い続けるほかなくなって、いつまでたっても「自由をめぐる闘争」を終わらせることはできないだろう。ヘーゲルはそう主張したのです。

　これを〈自由の相互承認〉の原理といいます。わたしの考えでは、今なお最も根本的な、社会の「原理」というべき考え方です。

　もちろん、この原理を完全に実現するのはきわめて困難なことです。実際、この原理が近代哲学者たちによって見出されてから二〇〇年、人類は今もなお、凄惨な命の奪い合いを続けています。

　しかし、それでもなお、わたしたちが互いの命を奪い合うことをやめ、自らができるだけ生きたいように生きていけるようになるためには、この〈自由の相互承認〉の原理を共有し、そしてこの原理を、どうすればできるだけ実質化していけるかと問うほかに道はないはずなのです。

これが、人類一万年の争いの歴史を経て、わたしたちがついにつかんだ社会の「原理」です。

以上から、〈自由〉とは、〝やりたい放題〟〝わがまま放題〟ができることという、一般的なイメージとはずいぶんと違ったものであることが分かると思います。そこで本書ではこれを〈自由〉と山カッコつきで書くことにして、わがまま放題ができることという意味での「自由」とは、区別しておくことにしたいと思います。

では〈自由〉とはいったい何か。③ヘーゲルの考えを参考にして、次のようにいいたいと思います。たしかに、わたしたちには多かれ少なかれ、わがまま放題をしたいという欲望があるでしょう。しかしそのようなわがまま放題の状態を、わたしたちは〈自由〉というわけにはいきません。というのも、わたしたちのわがままは、多くの場合、他者の〈自由〉を侵害することになり、その結果、相手の攻撃を招いたり争いになったりと、かえって自らの〈自由〉を失うことになってしまうからです。先述したように、人類の戦争の歴史とは、まさにこの剝き出しの〈自由〉の争いの歴史だったのです。

それゆえ〈自由〉とは、自らが〈自由〉に生きるためにこそ、他者の〈自由〉もまた承認する必要があるのだということを、徹底的に自覚するところにあるのです。〈自由の相互承認〉を十分に自覚した上で、自らができるだけ生きたいように生きられること、これが〈自由〉の本質、〈自由〉に生きるということの本質なのです。

4　苫野一徳『教育の力』より

この〈自由の相互承認〉の原理が理解されてはじめて、わたしたちは、公教育がいったい何のために発明されたのか、理解することができるようになります。

社会を〈自由の相互承認〉の原理に基づいてつくっていくこと。これだけが、「普遍闘争状態」を終わらせ、わたしたち一人ひとりの〈自由〉をできるだけ十全に達成させることができる根本条件でした。

ではこの原理を、わたしたちはどうすれば、できるだけ現実のものとしていくことができるのでしょうか？

最も重要な最初のステップは、「法」を設定することです。法によって、すべての市民が対等に〈自由〉な存在であることを、まずは理念的に保障するのです。

しかしそれだけでは十分ではありません。どれだけ法ですべての市民が〈自由〉であることが保障されたとしても、個々人が実際に〈自由〉になるための〝力〟を得ることができなければ、法の存在も（　Ⅱ　）にすぎないからです。

公教育はここに登場するのです。

つまり公教育は、すべての子ども（人）が〈自由〉な存在たりうるよう、そのために必要な〝力〟——わたしはこれを〈教養＝力能〉と呼んでいます——を育むことで、各人の〈自由〉を実質的に保障するものなのです。そして、そのことで同時に、社会における〈自由の相互承認〉の原理を、より十全に実質化するためにあるのです。

生存・思想・良心・言論の自由や、職業選択の自由など、基本的自由権が法によってどれだけ保障されていたとしても、自ら生存する力、言葉を交わす力、職業に就く力などがなければ、それは絵に描いた餅にすぎません。したがって公教育は、すべての人びとが〈自由〉に生きられるための〈教養=力能〉を育むという、そのような本質を持ったものとして登場したのです。

もっとも、歴史的にいって、この公教育の「本質」が実際に十全に目指されたことは、残念ながらあまりありませんでした。日本についていえば、公教育制度は、周知のように富国強兵のために明治政府によって取り入れられたものです。公教育は文字通り、「国のため」という性格を強く持ったものとして登場したのです。

しかしそれでも、わたしたちは、公教育は本来、個々人が〈自由〉になるためのものとして、そしてそのことで同時に、社会における〈自由の相互承認〉の原理もまたより実質化されるようなものとして（哲学者たちによって）構想されたのだということを、今こそ改めて知っておくべきです。このことこそが、今わたしたちが立ち戻るべき、そもそも公教育とは何かという問いに対する〝答え〟であるからです。

（苫野一徳『教育の力』より　一部文章を改めた）

4　苫野一徳『教育の力』より

問一　（　Ⅰ　）・（　Ⅱ　）に入る最も適切なものを次の**ア**～**オ**の中からそれぞれ一つずつ選び、その記号を書きなさい。

（　Ⅰ　）**ア**　東奔西走　**イ**　粉骨砕身　**ウ**　右往左往
エ　意気消沈　**オ**　自家撞着（じかどうちゃく）

（　Ⅱ　）**ア**　馬耳東風　**イ**　大同小異　**ウ**　巧言令色
エ　有名無実　**オ**　大言壮語

Ⅰ

Ⅱ

4点（2点×2）

問二　傍線部①「この繰り返される命の奪い合い」とあるが、それはどういうことか。その説明として最も適切なものを次の**ア**～**オ**の中から一つ選び、その記号を書きなさい。

ア　約一万年前に始まった蓄財の奪い合いは人類の「進歩」のきっかけをつくった最初の大革命であり、大帝国が登場しても闘争は繰り返されてきた。

イ　約一万年前に狩猟採集生活とともに始まった蓄財の奪い合いが戦争の時代を生み、秦王朝やローマ帝国などの古代帝国の交替が繰り返されてきた。

ウ　約一万年前に始まった蓄財の奪い合いが戦争の時代を生み、大帝国の登場と交替によっていつ果てるとも知れない闘争が繰り返されてきた。

エ　長い戦争の時代は「定住革命」「農業革命」をもたらした大帝国の登場によって一定の終止符を打ったが、新たな帝国によって戦争は繰り返されてきた。

オ　長い戦争の時代は定住・農耕・蓄財の生活が蓄財の奪い合いの生活へと徐々に移行して始まり、古代帝国の登場によってさらなる闘争が繰り返されてきた。

8点

問三　傍線部②「それは、わたしたち人間が〈自由〉になりたいという欲望を持っているからだ！」とあるが、「人間が〈自由〉になりたいという欲望」の例として不適切なものを次の**ア**〜**オ**の中から一つ選び、その記号を書きなさい。

ア　一生奴隷のように労働させられたり、一生いじめられ続けたりするような生き方はしたくないという欲望。

イ　人それぞれが、多かれ少なかれその根本に抱えてしまっていて、わたしたちが戦争をなくすことができずにきた原因となる欲望。

ウ　戦争の理由は時と場合によってさまざまだが、勝敗が決まればそれで戦いが終わるよう自然によってプログラムされた欲望。

4 苫野一徳『教育の力』より

エ アメリカの公民権運動や近年の「アラブの春」のような自由を奪われた人びとの戦いに見られる「生きたいように生きたい」という欲望。

オ 富を奪われたら奪い返し、プライドを傷つけられたら傷つけ返したいというような、人間が本質的に持っている欲望。

8点

問四 傍線部③「ヘーゲルの考えを参考にして」とあるが、「ヘーゲルの考え」の説明として最も適切なものを次の**ア**～**オ**の中から一つ選び、その記号を書きなさい。

ア わたしたちが〈自由〉になるためには、社会の「原理」にもとづいて〈自由〉とは〝やりたい放題〟〝わがまま放題〟であるというイメージをつきくずす必要がある。

イ わたしたちが〈自由〉になるためには、自分の〈自由〉を人に力ずくで認めさせ、お互いに相手が〈自由〉な存在であることを認め合う必要がある。

ウ わたしたちが〈自由〉になるためには、他者も〈自由〉を求めているということをひとまず承認し、永続する権力を打ち倒す必要がある。

エ わたしたちが〈自由〉になるためには、互いに自分の〈自由〉をナイーヴに主張し続けるのではなく、「自由をめぐる闘争」を通じて相互の納得を得る必要がある。

オ わたしたちが〈自由〉になるためには、ただナイーヴに自分の〈自由〉を主張するのではなく、互いの〈自由〉のあり方を調整する必要がある。

8点

問五 本文の内容と合致するものを次の**ア**〜**ク**の中から三つ選び、その記号を書きなさい。

ア 教育を具体的に構想・実践するための〝足場〟を明らかにするためにも人類の歴史を振り返って考えてみることは有効である。

イ 公教育は二〇〇年ほど前につくり上げられた人類最大の発明の一つである。

ウ 竹田青嗣が「普遍闘争状態」と呼んだものに対して筆者は「覇権の原理」という概念を提唱した。

エ 奴隷の反乱の中から〈自由〉という概念が生まれた。

オ ホッブズ、ロック、ルソーといった哲学者たちが〈自由〉への欲望の問題を徹底的に考え抜き、集大成を示した。

カ 何人かでチームを組んだり知略をめぐらせても強大な力を持った君主にはかなわないとホッブズは言った。

4 苫野一徳『教育の力』より

キ　市民が〈自由〉を自覚するための最初のステップは「法」を設定することにある。

ク　明治期の日本において公教育制度は「国のため」という性格を強く持っていた。

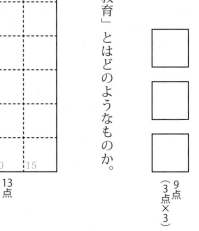

9点（3点×3）

問六　傍線部Ｘ「そもそも公教育とは何なのか」とあるが、「公教育」とはどのようなものか。四十字以内で書きなさい（句読点や記号も含む）。

13点

得点

50点

合格点 35点

第1章
5

● 国公立型記述問題の解法

柄谷行人『倫理21』より

学習日　　月　　日

目標タイム 30分

解答・解説 ▶ P.64

次の文章を読んで後の問題に答えなさい。

一般に、宗教は、何か倫理以上の奥深いものとして表象されます。たとえば、大岡昇平(おおおかしょうへい)は、戦後に戦場と俘虜(ふりょ)の体験を『俘虜記』に書きました。彼は、小林秀雄(こばやしひでお)が「魂のことを書け」といったのに、「事実について書く」といって、それを書いたといっています。彼は、冒頭の「捉まるまで」という章のエピグラフとして、*親鸞(しんらん)の言葉、「わがこころのよくてころさぬにはあらず」を引用しています。『歎異抄(たんにしょう)』では、つぎのようになっています。

またあるとき、聖人は「*唯円(ゆいえん)房は、わたしの言うことを信ずるか」と仰せられたので、「さようでございます」とお答えしたところ、「それでは、わたしの言うことにそむかないか」と重ねて仰せられたから、つつしんでおうけしましたところ、「たとえば、人を千人殺してもらえないか。もしそうすれば、かならず浄土に生まれることになろう」と仰せられた。そのとき、「仰

5 柄谷行人『倫理21』より

> せではありますが、ただの一人も、わたしの能力では殺せるとも思えません」とお答えしましたところ、「それでは、どうして親鸞の言うことにさからわない、というのだ」と仰せられた。そしてさらに続けて、「これでわかるだろう。すなわち、どんなことでも、心のままになるものならば、浄土に生まれるために千人殺せというときには、ただちに殺すだろう。しかしそうではあっても、一人でも殺せるような宿業のはたらきかけがないために、殺さないのである。自分の心が善くて、殺さないのではない。また殺すまいと思っても、百人、あるいは千人を殺すこともあるだろう」と仰せられた。
>
> (『歎異抄』、第十三条)

これは、要するに、人が殺さないのは、自由意志によってではないということです。『俘虜記』の「私」は、近づいてきた米兵を撃たなかった。そのことが結果的に幸いしたのですが、なぜ撃たなかったのか。それを自問することがこの作品の主題の一つです。

この作品では、親鸞の言葉は、宗教的な信仰へではなく、徹底的な「原因」の解明に向かわせています。というより、大岡は、そのような文脈において、親鸞を引用しています。彼は「自由意志」を認めていない。なぜ撃たなかったかという問いに大岡が与えた解答は、最終的なものではありません。それは不透明なままです。しかし、普通なら自分の意志で撃たなかったといって片づけてしまうところを、そうしない、そのことが、この作品を特異にしています。また、大岡は最初の章でこう書いています。《私は既に日本の勝利を信じていなかった。私は祖国をこんな絶望的な戦に引きずりこんだ軍部を憎んでいたが、私がこれまで彼等を阻止すべく何事も賭さなかった以上、今更彼等によって与えられた運命に抗議する権利はないと思われた》。

ところが、彼は同じ体験にもとづいて、より小説らしい作品『野火』を書きました。おそらく、『俘虜記』は評判がよかったにもかかわらず、それは小説ではないと思われたからでしょう。彼は、『野火』では、まさに小林秀雄がいった「魂のこと」を書いたのです。しかし、これは『俘虜記』に比べて、小説として、数段落ちるものでしかありません。まず、『野火』では、殺すか否かではなく、人肉を食うか否かという問題になっています。ニューギニアで放置され[i]キガの極に達した日本兵の間にこのような事件があったことは事実のようですが、大岡はそれを「極限状況」としてとりあげたわけです。しかし、人肉食が殺人より残酷だとか、窮極的な悪だということはまちがいです。たとえば、七〇年代に、アンデス山脈に[ii]フジチャクしたヨーロッパの神学生たちが死んだ仲間を食った事件がありましたが、彼らは「神の許し」を乞うてからそうしたということで、それ以上論議されもしなかったのを覚えています。ところが、大岡の小説では、なぜか「神」が主人公に食うことを許さないのです。

もう一つの問題は「野火」のことです。主人公が敗兵として一人フィリピンの山野をさまようう

5 柄谷行人『倫理21』より

ちに「野火」が見えてきます。誰が何のためにそれを送っているのかと、主人公は問い続けます。それは神学的な思弁になり、この「野火」は絶対的な他者（神）によって送られてきた徴（しるし）だと解釈されたりもします。しかし、大岡昇平がこれを小説らしくするために意図的に忘れようとしていたのは、それがたんにフィリピンの島民が燃やしたものだということです。それは焼畑農業をしている農民です。要するに、『野火』に描かれた戦争には、相対的な他者、すなわち、日本やアメリカが支配していたアジアの人間が抜けていた。そのため、この作品は宗教的で深遠に見えて、実は、ⅲクウソなものになるほかなかったのです。一方、宗教に対して冷淡な『俘虜記』のほうに、むしろ世界宗教的な認識があります。それは、「殺さなかった」ことが、私の自由意志によるのではないということを徹底的に解明するものだからです。

世界宗教は人間の根源的な罪をいいます。それは、ひとが自分には罪がないと思うことを疑わしめるために、そして、そのためにのみ必要です。たとえば、イエスが、「心のうちに姦淫（かんいん）する者は、すでに姦淫する者なり」とか、「汝（なんじ）らのうち、罪なき者、石もて撃て」とか言ったのは、そのためです。しかし、ここから、人間の「原罪」と神による救済に向かうのは、宗教Aにしかなりません。

それらの言葉が意味するのは、われわれは実際には罪を犯していなくても、間接的には犯しているのだ、ということです。これは、個人を、社会的な関係において見ることです。①われわれは、媒介的に、あらゆる人々と関係しています。たとえば、私は牛を殺していないが、ビフテキを食っている。私は軍事的・経済的帝国主義に反対であるが、それによって得られた生活水準を享受している。だから、根本的に考えようとするならば、直接的に手を下しているかいないかという差異を括弧にいれなければならない。しかし、宗教は、それを、人間の罪深さということによって、すべての人間を許すということになってしまうのです。実際に姦淫するかしないか、実際に殺すか殺さないかという差異は、（　1　）性の前では無くなってしまう。しかし、それと同時に倫理も無くなってしまうのです。

その点で、『俘虜記』における「私」の、「なぜ米兵を撃たなかったか」という執拗な自問自答は、撃っても撃たなくても本当は同じだというのとは違います。「私」は、撃たなかったことをよかったと考えており、しかし、自分の意志でそうしたのではなかったというだけなのです。たとえば、坂口安吾は戦後にこう書いています。《なぜ犯罪者をヨビステにしなければならぬか。犯罪は憎むべきである。然し、罪を犯さぬ人間がおるか。（中略）ヤミの米を食うことも罪ではないか》（「詐欺の性格」）。これは親鸞を[iv]ソウキさせる言葉です。

しかし、これは戦後においてはしばしば、誰が人の責任を問えるのか、つまり、誰にも責任がないというような論理として使われたことに注意すべきです。それに対して、安吾はただちにこう付け加えます。《万人がヤミの米を食う、そうしなければ生きられない、そうしなければ生きられないなら、罪を犯してもいいか、それは罪ではないのか》。万人が罪深いという認識は一見して深遠

5 柄谷行人『倫理21』より

ですが、それは何かをしたりしなかったりする選択を無意味にするものではありえないし、あってはならないのです。実際、たとえば、坂口安吾は若いころ仏教の僧侶を目指して本気で修行していたことがあり、それをやめたのちにも、つねに仏教的認識について考えていたと思います。もちろん、それは人が仏教と呼んでいるものと根本的に違います。安吾は、小説の中で女主人公につぎのように語らせています。

——しかし、人生というものは概してそんなふうに行きあたりバッタリなものなのだろう。好きな人に会うことも会わないことも偶然なんだし、ただ私には、この一つのもの、絶対という考えがないのだから、だから男の愛情では不安はないが、母の場合がつらいのだ。私は「一番」よいとか、好きだとか、この一つ、ということが嫌いだ。なんでも五十歩百歩で、五十歩と百歩はたいへんな違いなんだと私は思う。たいへんでもないかも知れぬが、ともかく五十歩だけ違う。そして、その違いとか差とかいうものが私にはつまり絶対というものに思われる。私はだから選ぶだけだ。

（「青鬼の褌（ふんどし）を洗う女」）

「（　2　）」というものはない。すべてが（　3　）的（五十歩百歩）である。そのような言葉がラディカルに響く一瞬があります。五十歩逃げた者が百歩逃げた者を嘲笑し糾弾するという光景がつねにあるからです。戦後の「戦争責任論」はそのようなものでした。安吾は戦争責任について直接には論じませんでした。それらがたんなる糾弾に終始したからです。しかし、「五十歩百歩」という（　4　）化は、ただちに自己肯定に転化します。有名な「堕落論」で、「もっと堕ちよ」と言ったとき、安吾は（　5　）的境地において、すべてが等価であり、赦（ゆる）されると言ったのではありません。逆に、そこからこそ「モラル」がはじまるといったのです。五十歩と百歩には少なくとも五十歩の差異があり、それこそが「絶対」である。つまり、各人は選択しなければならず、それが偶然であろうと、事実性として引き受けなければならないということです。「自由」ということは、何でも選べるということを意味しない。現実にやってしまったことについて、それを「自由であれ」という義務から見ることを意味するのです。いいかえれば、②<u>そこに「責任」が出てくる。</u>

（柄谷行人『倫理21』より　一部文章を改めた）

＊親鸞…鎌倉初期の僧（一一七三～一二六二）。

＊唯円…鎌倉中期の僧、親鸞の弟子。師の生前のことばを集めて『歎異抄』を著した。

5 柄谷行人『倫理21』より

問一　傍線部ⅰ～ⅳの片仮名を漢字に直して書きなさい。

ⅰ

ⅱ

ⅲ

ⅳ

8点（2点×4）

問二　筆者は、『俘虜記』と『野火』のどちらの作品を小説として高く評価しているか。それぞれの作品についての評価とその理由を百字以内で書きなさい（句読点や記号も含む）。

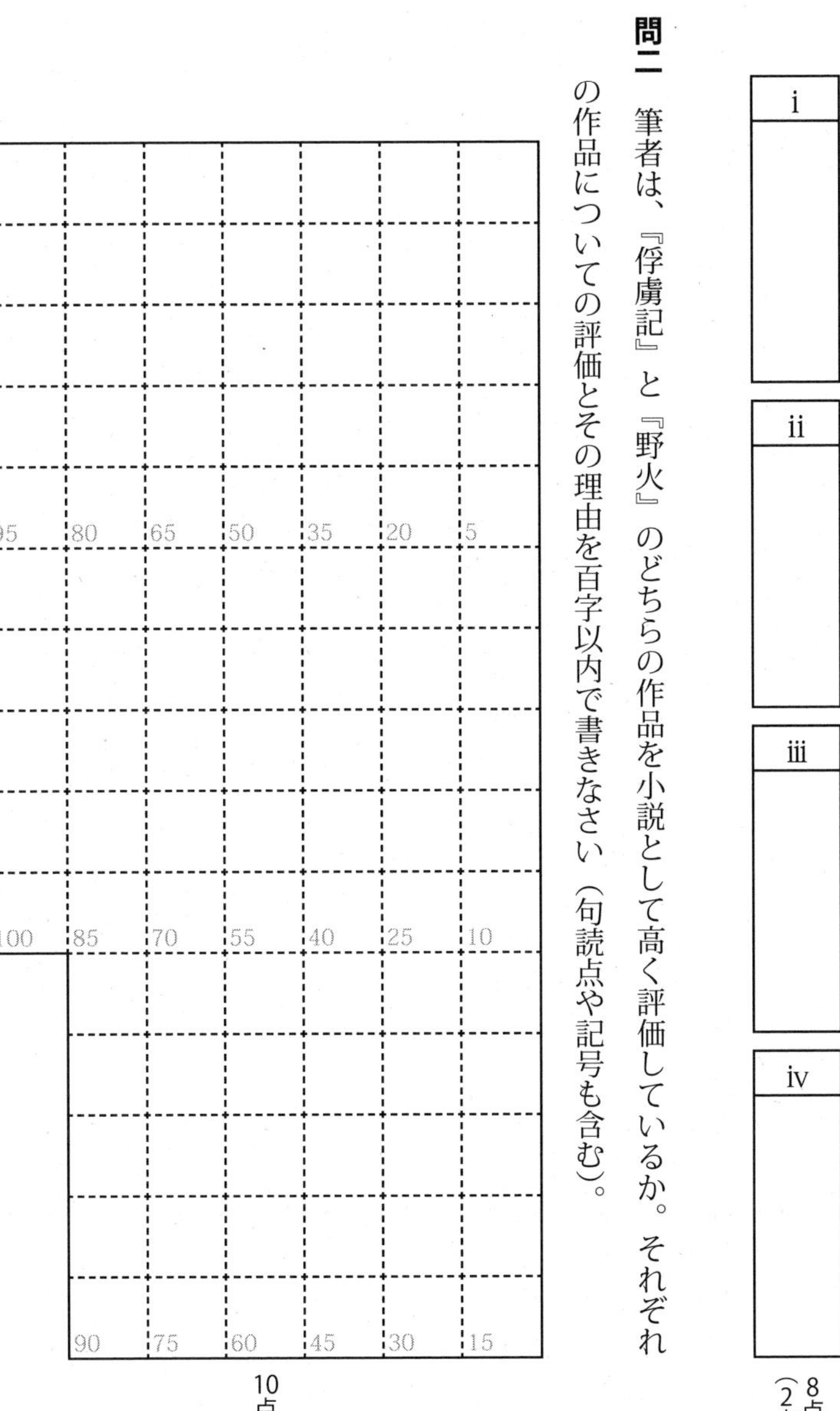

10点

問三　傍線部①「われわれは、媒介的に、あらゆる人々と関係しています」とはどのようなことか。例を挙げて四十五字以内で書きなさい（句読点や記号も含む）。

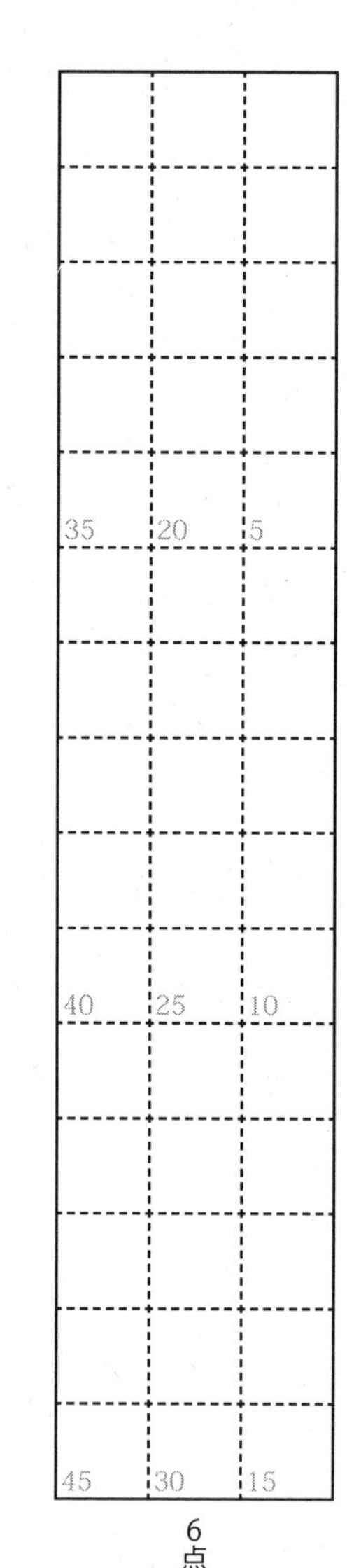

6点

問四　筆者の考える宗教と倫理の違いについて、語句「五十歩百歩」を用いて八十字以内で書きなさい（句読点や記号も含む）。

10点

5 柄谷行人『倫理21』より

問五　文中の（　１　）～（　５　）に入る語を次の**ア**または**イ**からそれぞれ選び、その記号を書きなさい。なお、記号はそれぞれ一回以上使うこと。

ア　絶対　　**イ**　相対

1	2	3	4	5

10点（２点×５）

問六　傍線部②「そこに『責任』が出てくる」とあるが、なぜ責任が出てくるのか。五十字以内で書きなさい（句読点や記号も含む）。

6点

得点

50点

合格点35点

第1章

6

●長文の要点を把握する

寺田寅彦

『化け物の進化』

学習日　月　日

目標タイム

解答・解説▶P.76

次の文章を読んで後の問題に答えなさい。

人間文化の進歩の道程において発明され創作されたいろいろの作品の中でも「化け物」などは最もすぐれた傑作と言わなければなるまい。化け物もやはり人間と自然の接触から生まれた＊正嫡子であって、その出入する世界は一面には宗教の世界であり、また一面には科学の世界である。同時にまた芸術の世界でもである。

いかなる宗教でもその教典の中に「化け物」の i カツヤクしないものはあるまい。化け物なしにはおそらく宗教なるものは成立しないであろう。もっとも時代の推移に応じて化け物の表象は変化するであろうが、その心的内容においては永久に同一であるべきだと思われる。

昔の人は多くの自然界の不可解な現象を化け物の所業として説明した。やはり一種の＊作業仮説である。雷電の現象は虎の皮の褌（ふんどし）を着けた鬼の悪ふざけとして説明されたが、今日では空中電気と称する怪物の活動だと言われている。空中電気というとわかったような顔をする人は多いがしか

6　寺田寅彦『化け物の進化』

し雨滴の生成分裂によっていかに電気の分離蓄積が起こり、いかにして放電が起こるかは専門家にもまだよくはわからない。今年のグラスゴーの科学者の大会でシンプソンとウィルソンと二人の学者が大議論をやったそうであるが、これはまさにこの化け物の正体に関する問題についてであった。結局はただ昔の化け物が名前と姿を変えただけの事である。

　自然界の不思議さは原始人類にとっても、二十世紀の科学者にとっても同じくらいに不思議である。その不思議を昔われらの先祖が化け物へ帰納したのを、今の科学者は分子原子電子へ持って行くだけの事である。昔の人でもおそらく当時彼らの身辺の石器土器を「見る」と同じ意味で化け物を見たものはあるまい。それと同じように①いかなる科学者でもまだ天秤（てんびん）や試験管を「見る」ように原子や電子を見た人はないのである。それで、もし昔の化け物が実在でないとすれば今の電子や原子も実在ではなくて結局一種の化け物であると言われる。原子電子の存在を仮定する事によって物理界の現象がA遺憾なく説明し得られるからこれらが物理的実在であると主張するならば、雷神の存在を仮定する事によって雷電風雨の現象を説明するのとどこがちがうかという疑問が出るであろう。もっとも、これには明らかな相違の点がある事はここで改まって言うまでもないが、しかしまた共通なところもかなりにある事は争われない。ともかくもこの二つのものの比較はわれわれの科学なるものの本質に関する省察の一つの方面を示唆する。

　雷電の怪物が分解して一半は（　X　）のほうへ入り一半は（　Y　）のほうへ走って行った。

すべての怪異も同様である。前者は集積し凝縮し電子となり*プロトーンとなり、後者は一つにかたまり合って全能の神様になり天地の大道となった。そうして両者ともに人間の創作であり芸術である。流派がちがうだけである。

（中略）

　しかし不幸にして科学が進歩するとともに科学というものの真価が誤解され、買いかぶられた結果として、化け物に対する世人の興味が不正当に希薄になった、今どき本気になって化け物の研究でも始めようという人はかなり気が引けるであろうと思う時代の形勢である。

　全くこのごろは化け物どもがあまりにいなくなり過ぎた感がある。今の子供らがおとぎ話の中の化け物に対する感じはほとんどただ空想的な滑稽味あるいは怪奇味だけであって、われわれの子供時代に感じさせられたように頭の頂上から足の爪先まで突き抜けるような鋭い神秘の感じはなくなったらしく見える。これはいったいどちらが子供らにとって幸福であるか、どちらが子供らの教育上有利であるか、これも[B]存外多くの学校の先生の信ずるごとくに簡単な問題ではないかもしれない。西洋のおとぎ話に「ゾッとする」とはどんな事か知りたいというばか者があってわざわざ化け物屋敷へ探険に出かける話があるが、あの話を聞いてあの豪傑をうらやましいと感ずべきか、あるいはかわいそうと感ずべきか、これも疑問である。ともかくも「ゾッとする事」を知らないような豪傑が、かりに科学者になったとしたら、まずあまりたいした仕事はできそうにも思われない。

6　寺田寅彦『化け物の進化』

しあわせな事にわれわれの少年時代の田舎にはまだまだ化け物がたくさんに生き残っていて、そしてそのおかげでわれわれは充分な「化け物教育」を受ける事ができたのである。郷里の家の長屋に重兵衛（じゅうべえ）さんという老人がいて、毎晩晩酌の肴（さかな）に近所の子供らを膳の向かいにすわらせて、生のにんにくをぼりぼりかじりながらうまそうに熱い杯をなめては数限りもない化け物の話をして聞かせた。思うにこの老人は＊一千一夜物語の著者のごとき創作的天才であったらしい。そうして伝説の化け物新作の化け物どもを[C]随意に眼前におどらせた。われわれの[ii]オクビョウなる小さな心臓は老人の意のままに高く低く鼓動した。夜ふけて帰るおのおのの家路には木の陰、川の岸、路地の奥の至るところにさまざまな化け物の幻影が待ち伏せて動いていた。化け物は実際に当時のわれわれの世界にのびのびと生活していたのである。中学時代になってもまだわれわれと化け物との交渉は続いていた。友人で禿（はげ）のNというのが化け物の創作家として衆にひいでていた。彼は近所のあらゆる曲がり角や芝地や、橋のたもとや、大樹のこずえやに一つずつきわめて[D]格好な妖怪を創造して配置した。たとえば「三角芝の足舐（ねぶ）り」とか「T橋のたもとの腕真砂（うでまさご）」などという類である。前者は川沿いのある芝地を空風の吹く夜中に通っていると、何者かが来て不意にべろりと足をなめる、すると急に発熱して三日のうちに死ぬかもしれないという。後者は、城山のふもとの橋のたもとに人の腕が真砂のように一面に散布していて、通行人の[iii]裾を引き止め足をつかんで歩かせない、これに会うとたいていはその場で死ぬというのである。もちろんもう「中学教育」を受けているそのころのわれわれはだれもそれらの化け物をわれわれの五官に触れうべき物理的実在としては信じなかった。それにかかわらずこの創作家Nの芸術的に描き出した立派な妖怪の「詩」はわれわれのうら若い頭に何かしら神秘な雰囲気のようなものを吹き込んだ、あるいは神秘な存在、不可思議な世界への憧憬に似たものを[iv]鼓吹したように思われる。日常[v]サハンの世界のかなたに、常識では測り知り難い世界がありはしないかと思う事だけでも、その心は知らず知らず自然の表面の諸相の奥に隠れたある物への省察へ導かれるのである。

このような化け物教育は、少年時代のわれわれの科学知識に対する興味を阻害しなかったのみならず、かえってむしろますますそれを鼓舞したようにも思われる。これは一見奇妙なようではあるが、よく考えてみるとむしろ当然な事でもある。皮肉なようであるがわれわれにほんとうの科学教育を与えたものは、数々の立派な中等教科書よりは、むしろ長屋の重兵衛さんと友人のNであったかもしれない。これは必ずしも無用の変痴奇論ではない。

不幸にして科学の中等教科書は往々にして②それ自身の本来の目的を裏切って被教育者の中に芽ばえつつある科学者の[vi]胚芽を殺す場合がありはしないかと思われる。実は非常に不可思議で、だれにもほんとうにはわからない事をきわめてわかり切った平凡な事のようにあまりに簡単に説明して、それでそれ以上にはなんの疑問もないかのようにすっかり安心させてしまうような傾きがありはしないか。そういう科学教育が普遍となりすべての生徒がそれをそのまま素直に受け入れたとし

6　寺田寅彦『化け物の進化』

たら、世界の科学はおそらくそれきり進歩を止めてしまうに相違ない。

通俗科学などと称するものがやはり同様である。「③科学ファン」を喜ばすだけであって、ほんとうの科学者を培養するものとしては、どれだけの効果がはたしてその弊害を償いうるか問題である。特にそれが科学者としての体験を持たないほんとうのジャーナリストの手によって行なわれる場合にはなおさらの考えものである。

こういう皮相的科学教育が普及した結果として、あらゆる化け物どもは箱根はもちろん日本の国境から追放された。あらゆる化け物に関する貴重な「事実」をすべて迷信という言葉で抹殺する事がすなわち科学の目的であり手がらででもあるかのような誤解を生ずるようになった。これこそ「科学に対する迷信」でなくて何であろう。科学の目的は実に化け物を（　Z　）事なのである。この世界がいかに多くの化け物によって満たされているかを教える事である。

昔の化け物は昔の人にはちゃんとした事実であったのである。一世紀以前の科学者に事実であった事がらが今では事実でなくなった例はいくらもある。たとえば電気や光熱や物質に関するわれわれの考えでも昔と今とはまるで変わったと言ってもよい。しかし昔の学者の信じた事実は昔の学者にはやはり事実であったのである。神鳴りの正体を鬼だと思った先祖を笑う科学者が、百年後の科学者に同じように笑われないとだれが保証しうるであろう。

古人の書き残した多くの化け物の記録は、昔の人に不思議と思われた事実の記録と見る事ができる。今日の意味での科学的事実では到底有り得ない事はもちろんであるが、しかしそれらの記録の中から今日の科学的事実を掘り出しうる見込みのある事はたしかである。

（寺田寅彦『化け物の進化』 一部文章を改めた）

*正嫡子…正妻（法律上の正式な妻）が生んだ子。
*作業仮説…研究や実験を進めるために、とりあえず仮に立てる考え方。
*プロトーン…陽子のこと。
*一千一夜物語…アラビアを中心とした民間伝承物語集。『千夜一夜物語』『千一夜物語』とも呼ばれる。

問一 傍線部ⅰ・ⅱ・ⅴの片仮名を漢字に直して書きなさい。

ⅰ	ⅱ	ⅴ

3点（1点×3）

問二 傍線部ⅲ・ⅳ・ⅵの漢字の読みを平仮名で書きなさい。

ⅲ	ⅳ	ⅵ

3点（1点×3）

6　寺田寅彦『化け物の進化』

問三　傍線部A～Dの意味として最も適切なものを次の**ア**～**エ**の中からそれぞれ一つずつ選び、その記号を書きなさい。

A　遺憾なく
ア　おおむね　**イ**　正しく
ウ　たやすく　**エ**　十分に

B　存外
ア　じつは　**イ**　思いのほか
ウ　ひょっとすると　**エ**　言うまでもなく

C　随意に
ア　大量に　**イ**　次々に
ウ　思いどおりに　**エ**　暇なときに

D　格好な
ア　あつらえ向きの　**イ**　愛嬌（あいきょう）たっぷりの
ウ　こわもての　**エ**　柳腰の

A

B

C

D

8点（2点×4）

問四　傍線部①「いかなる科学者でもまだ天秤や試験管を『見る』ように原子や電子を見た人はない」とあるが、「天秤や試験管」はここでは何の具体例か。その部分を文中より十八字で抜き出し、最初の七字を書きなさい（句読点や記号も含む）。

6点

問五　（　X　）・（　Y　）に入る最も適切な漢字二字の語を、文中からそれぞれ抜き出して書きなさい。

X

Y

4点（2点×2）

問六　傍線部②「それ自身の本来の目的」とは何か。二十字以内で書きなさい（句読点や記号も含む）。

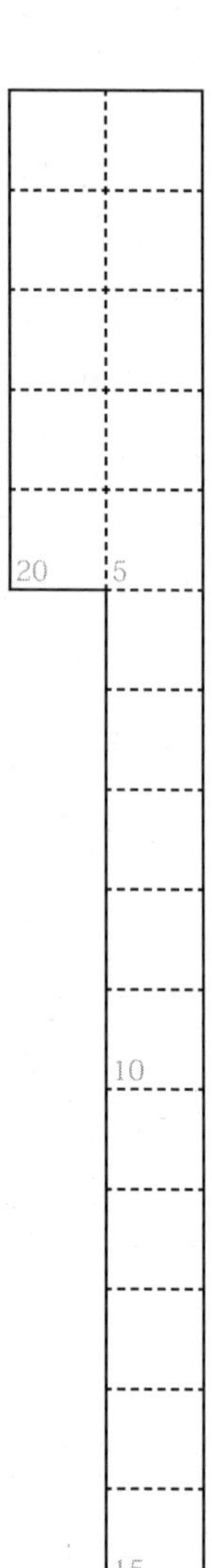

8点

6 寺田寅彦『化け物の進化』

問七　傍線部③「科学ファン」とは、この文脈ではどのような人々を指すか。二十五字以内で書きなさい（句読点や記号も含む）。

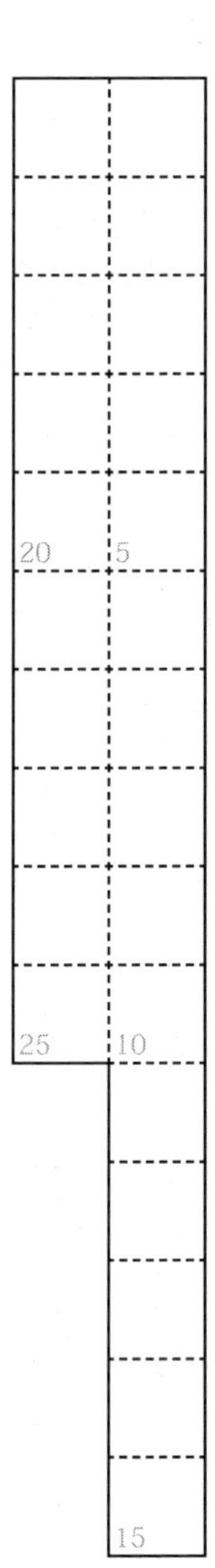

8点

問八　（　Ｚ　）に入る最も適当なものを次の**ア**〜**カ**の中から一つ選び、その記号を書きなさい。

ア　捜し出す　　**イ**　抹殺する　　**ウ**　飼い慣らす
エ　追放する　　**オ**　寝かしつける　　**カ**　繁殖させる

2点

問九 本文の内容と合致するものとして適切なものを次の**ア**〜**カ**の中から二つ選び、その記号を書きなさい。

ア 研究活動がきちんとなされているかぎり、科学者にとっての事実が時代によって変化することはない。

イ 自然界の神秘を説明するための作業仮説の一つである、という点では化け物も電子も変わらない。

ウ 最近は化け物の数が減りすぎたので、心ある科学者は生き残った化け物を大切にしなければならない。

エ 原子、電子、分子は、科学的な外見をまとってはいるが、実際には人間の作り出した妄想にすぎない。

オ 通俗科学は、すべての現象が科学的に説明できるかのような誤解を与えてしまっている。

カ 筆者の少年時代には、「三角芝の足舐り」「長屋の重兵衛さん」といった化け物が田舎で元気に暮らしていた。

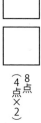

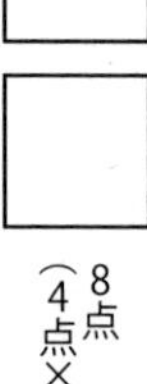

8点
（4点×2）

6 寺田寅彦『化け物の進化』

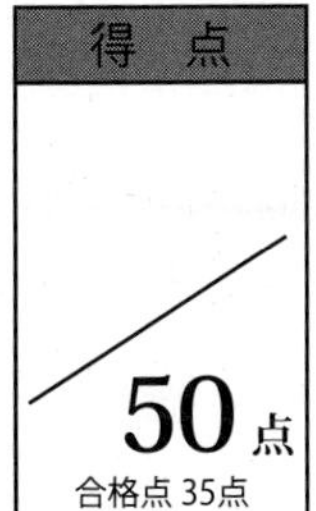

大岡信『紀貫之』より

学習日  月  日

目標タイム

分

解答・解説▶ P.88

次の文章を読んで後の問題に答えなさい。

十七日、くもれる雲なくなりて、あかつき月夜いともおもしろければ、舟を出だして漕ぎゆく。このあひだに、雲の上も海の底も、おなじごとくになむありける。①むべも昔の男は、「棹は穿つ波の上の月を、船はおそふ海のうちの空を」とはいひけむ。②聞きざれに聞けるなり。また、ある人のよめる歌、

水底の月の上より漕ぐ舟の棹にさはるは桂なるらし

これを聞きて、ある人のまたよめる、

影見れば波の底なるひさかたの空漕ぎわたるわれぞわびしき

この部分は土左日記を通じての最も美しい描写の一つであると私は思うが、その理由の一斑は、「ある人」、つまり貫之自身の作ったこの二首の歌、とりわけ後者のうちにあるといえる。

7　大岡信『紀貫之』より

「棹は穿つ波の上の月を」云々の詩句は、唐の詩人賈島のもので、「漁隠叢話」および「詩人玉屑」に記されているところによれば、「高麗使過海有詩、云水島浮還没、山雲断復連。時賈島詐為*梢人、連下句云、棹穿波底月、船圧水中天。麗使嘉歎久③之、自此不復言詩」。「漁隠叢話」や「詩人玉屑」は後代の書だから、貫之はこの句を別の本によって知っていたのだろうが、高麗の使節の水島浮還没云々の稚拙さと、これに賈島がつけた下句の鋭く粒立ったイメジの壮麗さとは、なるほど鮮やかに対照的であって、（　A　）のちがいというものを物語る有名なエピソードとしてしばしば話題にもなっていたのだろう。元来中国の詩文の技巧に並々ならぬ関心と造詣をもっていたと考えられる貫之が、このエピソードを好んでいたであろうことは充分考えられる。古今一千首のうち十分の一は自作で占めさせ得たほどの、（　B　）ともに許す専門歌人としての自負からしても、また古今撰進後に彼が長い歳月にわたって保ちつづけた当代第一等の歌人としての名声からしても、賈島のあざやかな手腕に対して、ある種の憧れと対抗意識を彼が抱いていたとしても不思議ではあるまい。

土左日記のこの一節は、そういう④貫之が、慎重な配慮のもとに用意し、舌なめずりをしながら書きしるした一節であるように思われる。短い叙景ながら文章が冴えていることがそう私に感じさせる一因である。もちろん、⑤そう見るからには、私は土左日記を必ずしも出来事に忠実な旅の日記とは考えていないのであって、貫之ほどの手だれなら、日記の随所にフィクションを混ぜ合わせ、ストーリーを構想するくらいは当然やっていただろうと思うのである。今引用した日記中の「聞きざれに聞けるなり」という挿入句にしても、もともと女の筆に仮托（かたく）した文章として書きはじめられたこの日記の性格からして、（　C　）という常識をちゃんと重んじた結果しるされたものであって、そのあたり、貫之は心得て書き進めているのである。

（中略）

後者の歌は、貫之全作品中の秀逸の一つということができる。私はこの歌によって、貫之の歌の面白さに初めてふれた思いがしたのだった。理窟の勝った歌であるにはちがいないが、その理窟っぽさを越えて、ある「わびしさ」の息づく空間の広がりが感じられたのだ。「ひさかたの」という枕詞が、この場合、時間的・空間的な広がりを暗示するのに効果をあげている。下敷きとした賈島の詩に対して、⑥「やまとうた」の特性をこういう部分で発揮し得たという思いが、貫之にはあったであろう。また、古今集にはほとんど全く見られない「（　D　）」の語がここで用いられて、一首に好ましい直接性、実感性を賦与していることも見落すことができない。

（大岡信『紀貫之』より　一部文章を改めた）

＊梢人…船頭のこと。

7 大岡 信『紀貫之』より

問一　傍線部①「むべも」の内容として最も適切なものを次の**ア**〜**オ**の中から一つ選び、その記号を書きなさい。

ア　保留つきの納得　　**イ**　賞賛をこめた肯定　　**ウ**　非難を抑えた譲歩
エ　無念さを含む感嘆　　**オ**　羨望のあまりの無視

□ 5点

問二　傍線部②「聞きざれに聞けるなり」の解釈として最も適切なものを次の**ア**〜**オ**の中から一つ選び、その記号を書きなさい。

ア　人づてに聞いた　　**イ**　耳障りに聞いた　　**ウ**　あやふやに聞いた
エ　思いがけなく聞いた　　**オ**　耳をそば立てて聞いた

□ 5点

問三 傍線部③「之」は、何を指しているのか。最も適切なものを次の**ア**〜**カ**の中から一つ選び、その記号を書きなさい。

ア 詩　**イ** 梢人　**ウ** 下句　**エ** 嘉歎　**オ** 水中天　**カ** 波低月

5点

問四 傍線部④「貫之が、慎重な配慮のもとに用意し、舌なめずりをしながら書きしるした一節であるように思われる」とあるが、このように筆者が推測する貫之の意図として最も適切なものを次の**ア**〜**オ**の中から一つ選び、その記号を書きなさい。

ア 虚構の話によって自分を伝説化しようとした。

イ 名声に恥じないだけのりっぱな作を為そうとした。

ウ 中国文芸に対する秀でた知識を充分に示そうとした。

エ 賈島の挿話に負けないような話を後世に残そうとした。

オ 賈島の詩才を越えるほどのおのれの力量を示そうとした。

5点

7 大岡 信『紀貫之』より

問五　傍線部⑤「そう見る」の内容として最も適切なものを次の**ア**〜**オ**の中から一つ選び、その記号を書きなさい。

ア　意気込んで相手を見下して書いた。
イ　おもいをこらし自信を持って書き始めた。
ウ　写実に徹した簡素な名文を書き表した。
エ　目立たないが味わい深い文章にまとめた。
オ　ゆっくりと考えを練って一気に書き下ろした。

□ 5点

問六　（　A　）に入るものとして最も適切なものを次の**ア**〜**オ**の中から一つ選び、その記号を書きなさい。

ア　散文と韻文の質　**イ**　使者と詩人の値　**ウ**　上句と下句の位
エ　素人と玄人の技　**オ**　弟子と師匠の品

□ 5点

問七　（　C　）に入るものとして最も適切なものを次の**ア**～**オ**の中から一つ選び、その記号を書きなさい。

ア　夫の立場を考えて知ったかぶりをしないのが妻の心得

イ　漢詩のことなど知らないふりをするのが女のたしなみ

ウ　中国の故事に精通していることを示すのが学者の誇り

エ　対句の細かい点にはこだわらないという非専門家の特権

オ　たまたま覚えただけと強調するのが専門家としての謙譲

5点

問八　傍線部⑥「『やまとうた』の特性」の説明として最も適切なものを次の**ア**～**エ**の中から一つ選び、その記号を書きなさい。

ア　歌語の強固な形式性

イ　歌語の直接的な実在感

ウ　理屈っぽさを消す歌語の優美さ

エ　豊かなイメージを生む歌語の働き

5点

7 大岡 信『紀貫之』より

問九（　Ｄ　）に入るものとして最も適切な言葉を古文の中から抜き出して書きなさい。

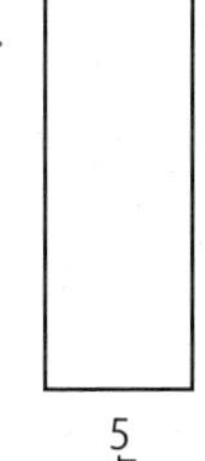

5点

問十（　Ｂ　）に入るものとして最も適切な漢字二字の語を書きなさい。

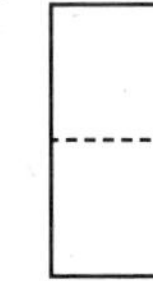

5点

得点

50点

合格点 35点

考えるということ

ものを考えるとは、どういう行為でしょうか?

私たちは何もないところで、宙をにらんで考えることはしません。何かの文章を読んで、それを理解したときに、そのことについて考えるのです。

Aという人があることを考えたとしましょう。Aは自分の考えを文章に残します。すると、それは国境を越えて世界中の人に理解されるし、時代を超えて未来の人にも理解されることになります。

次に、Bという人が一からものを考えたとしたら、今のような人類の進歩はないでしょう。BはAの文章を理解し、それについて考えるのです。そうすることで、BはAよりも一歩新しいことを考えることができます。そして、C、D…と、一歩新しいことを考えるという流れがつながっていくのです。

この、ほんの一歩先のことを考えることが、真の独創なのです。なぜなら、これは人類の知の累積に貢献することになるからです。

ただ宙をにらんで思いついた考えは、知の累積に貢献するわけではなく、ただの思いつきにすぎません。

もちろん、これが「考える」ことのすべてではありませんが、知的活動を行っていくためには、まずこのことを理解してほしいのです。

第2章

問題編

随想文・小説

第2章

8

随想文問題の解法①

江藤 淳『読書について』

学習日  月  日

目標タイム

解答・解説 ▶ P.102

次の文章を読んで後の問題に答えなさい。

いったい人は、どういうきっかけで本を読み出すようになるのだろう。

私の場合、それはふつうよりは、かなり早くはじまったように思われる。そして、私が他人より早く本を読みはじめたとすれば、そのことはおそらく私が早く母を亡くしたということと、かなり深い関係がありそうである。

母が結核で亡くなったのは、今の数えかたでいえば私が四つ半のときだった。多分、その短い母の病中に、私は積木で文字を覚えた。表に片仮名で「ア」という文字が書いてあり、裏をかえすと「あ」という平仮名の文字が書いてある、四角い積木である。

母の病室にはいることは、固く禁じられていたが、それでも私は、ときどき女中や看護婦の眼をかすめて母の枕元に坐（すわ）りこみ、

「これはなんていう字？」

8　江藤 淳『読書について』

と訊（き）いたことがあったような気がする。すると、母は、私がかざしている積木をみて、

「ああそれ？　それは『ル』よ。カンガルーの『ル』だわ」

というふうに教えてくれた。そして、病人とは思えないほど明るい顔になって、雲間からさっと陽光がさしたように微笑んだ。

霧のかなたに見える景色のように、記憶はきわめておぼろげな[i]リンカクをとどめているにすぎないが、私はそうして、あと数ヵ月ののちに死をひかえた母から、片仮名と平仮名を教えてもらったのだったような気がする。

母が死んでから、ひとりっ子だった私は、しばしば積木で遊ぶようになった。文字のついている四角い積木だけではなく、いろいろなかたちの積木を私は持っていたが、それを組合せて好きなかたちをつくって行くのである。たしか私は、〝軍艦〟と〝要塞〟をつくるのが好きだったような気がする。正確にいえば、自分の眼に〝軍艦〟とか〝要塞〟だと思われるもののかたちを、[ii]タンネンに積み上げて行くのである。

だが、この作業が、ほとんど芸術作品をつくり上げるのと同じような、[iii]ゲンミツで微妙な作業のように思われたのは、なぜだったろうか？　そして、それを完成したときのよろこびが、ほとんど作品を思い通りに仕上げたときの満足感に[iv]ヒッテキするようだったのは、どういうわけだろうか？　おそらくこの積木の遊びは、私にとっては自分でもそれと気がついていない、懸命な（　A　）

の試みだったにちがいない。私はひと通り文字を覚えていたが、まだ文字で自分を表現することを知らなかった。しかも私が表現しなければならないことは、あまりにも多すぎた。（　B　）、私は文字の書いてある積木と、そうでない積木の両方をつかって、一生懸命自分を表現しようとしていたのだろうと思われる。

〝軍艦〟も〝要塞〟も、だから実は〝軍艦〟でも〝要塞〟でもなかった。①それは私そのものであった。あるいは私の悲しみや憧れ、または怒りそのものであった。一瞥（いちべつ）してそれを理解してくれるはずの母はすでに亡かったし、母が生きていれば、私は、その不在から生じた悲しみや憧れや怒りを表現する必要もなかった。（　C　）、母親と幼児とのあいだには、一種の②沈黙の言語が成立していて、ことさらな表現を必要としない相互理解が可能だからである。

文字による自己表現が私に可能になったのは、ずっとあとになってからである。しかし読書の習慣は、積木遊びにアきたころからすぐにはじまった。（　D　）、それは、私のなかに、母の死による欠落の自覚が定着するのとほぼ時を同じくしてはじまった。最初に書いた通り、私はその時期がやや異常に早かったが、人はだれでも、男女の別なく、多くは青春のころに、なんらかの根源的な欠落の自覚に達し、それぞれの積木を積もうとしはじめるものだからである。そして、それと同時に読書の習慣がはじまる。あたかも言葉をもって自分に内在する欠落を埋めようとするかのように。あるいは、表現しようとする自分の悲しみや憧れ、怒りを、他人の表現したもののなかに探し

8　江藤 淳『読書について』

求めようとするかのように。

読むことを覚えるということは、社会が教育を通じてその成員に強制する行為である。しかし、読書に没頭するという行為のなかには、これよりももう少し深い意味が隠されている。つまりそれは、なにがしかの危機の自覚から生れ、それを乗り越えようとする、自分にも充分には意識されていない意欲に結びついた行為である。したがってそれは、決して受け身ではあり得ない。むしろ能動的で積極的な精神の営みであり、生きる意志の反映だとさえいえるのである。

（江藤淳『読書について』一文の文章を省略した）

問一　傍線部ⅰ～ⅴの片仮名を漢字に直して書きなさい。

ⅰ	ⅱ	ⅲ	ⅳ	ⅴ

10点（2点×5）

問二　（　A　）に入るものとして最も適切なものを漢字四字で書きなさい。

4点

問三　（　B　）～（　D　）に入るものとして最も適切なものを次の**ア**～**カ**の中からそれぞれ一つずつ選び、その記号を書きなさい。

ア　つまり　**イ**　しかし　**ウ**　したがって　**エ**　なぜなら　**オ**　たしかに　**カ**　しかも

B	C	D

6点（2点×3）

問四　傍線部①「それは私そのものであった」とはどういうことか。具体的に書きなさい。

10点

問五　傍線部②「沈黙の言語」とはどういう意味か。わかりやすく書きなさい。

8点

8 江藤 淳『読書について』

問六　この文の筆者にとって、読書をはじめたということと母の死とはどういう関係があるのか。七十字以内で書きなさい（句読点や記号を含む）。

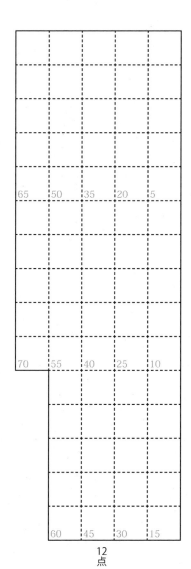

12点

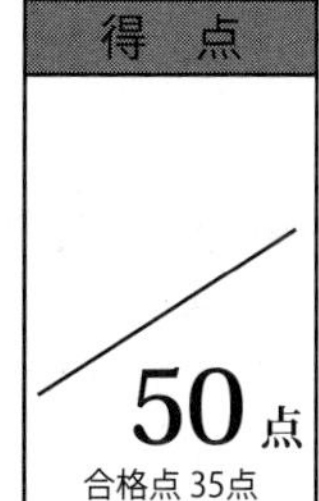

竹内万里子『沈黙とイメージ―写真をめぐるエッセイ―』より

学習日　　月　　日

目標タイム 25分

解答・解説▶P.118

次の文章を読んで後の問題に答えなさい。

何気なく立ち寄ったアルルの書店で、ふと手にした一冊の写真集。Jonathan Torgovnik, *Intended Consequences: Rwandan Children Born of Rape*, Aperture Foundation, 2009. ジョナサン・トーゴヴニクという写真家の名前も、ルワンダのこともほとんど知らなかったが、ぱらぱらとページをひもといたとたん、見たことのないものを見てしまったという衝撃に打たれた。ただ単にその具体的な内容や、コンセプト、技術的な完成度においてではない。写真と言葉が大胆に組み合わされた本全体から、凄まじい覚悟のようなものが迸（ほとばし）っていた。それはもはや、政治的なテーマを扱った作品などというような生易しいものではなく、写真を見るという行為が究極的には他者の生と切り結ぶことにつながらざるを得ないということ、つまりはその（　X　）な政治性を、極限において体現しているように思えた。

その場で日本語版を作りたいと衝動的に思い、店にあった最後の一冊を買うと、急ぎ足で宿へ戻っ

9 竹内万里子『沈黙とイメージ ―写真をめぐるエッセイ―』より

た。その道すがら、①自分がこの本と関わることによって周囲から貼られるであろうレッテルや、失うであろう人間関係のことを思い、心の中で別れの支度をした。

　黒人の母子が、カメラを見つめて立っている。あるいは座って。お互いの身体に触れていることもあれば、少し離れている場合もある。色鮮やかな民族衣装を共に身にまとっていることもあれば、親だけが華やかだったり、二人とも薄汚れた身なりのこともある。どの親子も、こちらを射抜くような鋭い視線を投げかけている。笑顔はない。それらの写真と組み合わされているのは、母親たちの言葉だ。ジェノサイド（大量虐殺）のときに彼女たちが受けた性的暴行と妊娠、出産、その後の困難な日々をめぐる言葉である。

　凄まじい強度をたたえた写真と、重い沈黙を破って語られた i ソウゼツな体験をめぐる言葉との間で、私は茫然（ぼうぜん）と立ち尽くした。どうしても我が子を愛せないと告白する母親もいれば、産んだら殺そうと思っていたのにその姿を見た瞬間に愛してしまった、と言う母親もいる。どれだけ写真を凝視しようとも、その言葉の意味するところが完全にわかるわけもなく、どれだけ言葉を熟読しようとも、その写真に納得できるわけもなかった。彼らが語る経験や思いも、そのまなざしも、こちらのちっぽけな想像をはるかに超えて、目の前にただ横たわっていた。

　私はこの本に強く心を揺さぶられると同時に、それまでに自分の前を通過していった夥（おびただ）しい数の写真のことを思った。自分はこれまで何を見てきたのか。写真を見て何かをわかった気になっていただけだったのではないか。それらを見たつもりになって、無邪気に何かを語っていただけで、一つ一つの写真の背後にある現実の複雑さを何もわかっていなかったのではないか。少なくとも、それを本気で知ろうとしなかった。私は[②]写真をとりまく沈黙を、自由と取り違えていたのかもしれない。

なるほど、想像することは大切だと人は言う。しかし人間は基本的に、自分にとって都合のよいものしか想像できない。もしも写真がそのような想像しかもたらさないのだとしたら、ただ単純に、写真は十分ではない。ただ見るだけ、ただ想像するだけでは絶対に足りないのだ。

写真を見て想像することの思い上がりは、言葉によってとことん知り考える努力を通じてのみ、打ち砕かれるだろう。そして言葉もまた、写真を徹底して見ることによって、その限界を露わにする。[③]想像力を隠れ蓑（みの）として苦しい言い訳を続けるわけには、もうゆかない。

アフリカの真珠とも、千の丘の国とも謳（うた）われてきた東アフリカの小国、ルワンダ。一九九四年にここでジェノサイドが起こり、約百日間でおよそ八十万人もの人びとが隣人によって殺された。ベルギーによる植民地政策がそもそものホッ[ii]タンだったが、当時の国際社会はこの史上最悪の殺戮（さつりく）を、ただ指をくわえて傍観するばかりだった。

さらにそのとき、古今東西における紛争の例にもれず、武器として性的暴力が横行した。正確な

9　竹内万里子『沈黙とイメージ ―写真をめぐるエッセイ―』より

被害者数は定かでないが、二十五万人から五十万人とも言われている。家族を目の前で殺された後に暴行されたり、拉致されて度重なる暴行を受けたりしたケースも多く、半数以上がその結果ＨＩＶウィルスに感染した。彼らは肉体的・精神的に深刻な傷を負っただけではなく、敵の子を妊娠したとしてコミュニティから疎外され、タブー視されたまま、きわめて劣悪な環境で子どもを育てることを余儀なくされた。

それから十二年後。ある仕事の依頼を受けてルワンダを訪れたトーゴヴニクは、偶然そのようなキョウ[iii]グウにある母親のインタビューに立ち会った。仕事を終えていったんニューヨークへ戻ってからも、そのときに聞いた話がどうしても忘れられず、結局ルワンダへ通い始めた。そして現地のソーシャルワーカーらと慎重に協力しながら、そうした母親たちのインタビューと撮影に取り組んだ。彼女たちは本名を伏せて自らの経験を語り、そして、カメラの前に立った。

撮影当時、子どもたちはみな十二歳から十三歳。母親の多くは彼らにまだ本当のことを伝えていなかった。そこで母親がジェノサイドの体験者だからと説明して、カメラの前に立ってもらったという。そのとき子どもたちが本当に何を思っていたかはわからない。すでに周囲からの微妙な視線や露骨な差別によって、自分のシュツ[iv]ジにうすうす気づいていた子どももいただろう。母親だけが子どもの変化に気づいていない場合もあったかもしれない。

それぞれ異なる思いを抱え、カメラへ向けられた親子のまなざし。そしてその行方。いずれこの撮影の意味を知り、事実を知った子どもが、何を思うのか。そのとき母は、何を語るのか。あるいは語らないのか。彼らのあらゆる逡巡（しゅんじゅん）や葛藤を孕（はら）んだその沈黙の深さを思うたび、私は④写真を見ている自分のまなざしもまた、到底無垢（むく）ではあり得ないことを知る。

そもそも性的暴力は、なにもルワンダだけの問題ではない。私が行動すること自体が、ともすると性的暴力をめぐる誰かのトラウマを蘇（よみがえ）らせ、さらに傷つけてしまうことになるかもしれない。そう恐れて、できるだけ静かに写真集の日本語版を出して何かを終わらせたいと、正直思っていた。しかし不思議な縁が重なり、国内でその展覧会を若い学生たちと一緒に制作することになったとき、私は自分がさらに犯しかねない罪の大きさに怯（おび）えた。自分は他者の痛みを都合よく利用しているだけではないのか。（　Y　）を踏むような日々の中で、藁（わら）をつかむ思いで先人たちの言葉を求め続けた。

それでもなお、私を突き動かしたのは、何よりもカメラの前に立った母親たちの覚悟だった。すでに十分に傷つき、vヒツゼツに尽くしがたいトラウマを抱えているにもかかわらず、新たに傷つくリスクを承知で立ち上がった彼女たちの思い。そのまなざしは、つねに戒めのように私の限界を照らし続けた。自分に理解できることなどごくわずかでしかないから、その痛みを代弁などできるはずもない。しかも、これらの写真と言葉はどれだけ重要なものであろうとも、それでもやはり彼らの人生の一部に過ぎないのだ。

9　竹内万里子『沈黙とイメージ　―写真をめぐるエッセイ―』より

しかしだからこそ、母親たちの覚悟に満ちたまなざしに触れた以上は、まずその声に静かに耳を傾けるための場を作り出す必要があった。誰かを非難するためでも、人びとの意見を形作るためでもなく、ただ一人ひとりの声に耳を傾け、そっとまなざしを交わすための場を。それが、どれほど困難なことであろうとも。

（中略）

人間のあらゆる営みにおいて、作品を生み出すという行為は、ごくわずかな一部でしかない。にもかかわらず、人はときに他のすべてを犠牲にしてでも、そのために生きようとする。その挙げ句、死へ至ってしまうことすらある。なぜか。それは作品というものが他の活動よりも価値があるからなのではなく、作品においてのみ、人は自分の生を縛りつけ苦しめているものたちから解き放たれるからだ。

ではそのようなものとしての作品は、沈黙に対して何をなし得るのだろうか。それは、沈黙の中に潜む無数の声なき声を代弁することではない。なぜなら代弁という行為は、代弁しようとする者の欲望をおのずと孕んでしまうからだ。何かを代弁していると主張した途端、人は自らの声によって沈黙を踏みにじることになるだろう。

だから、深い場所で共鳴しながらも、できるかぎり静かに低く呟くしかない。ゆっくりと、この身に手垢のようにこびりついたものたちを緩め、そっと揺らし、音もなくその場に置き去りにすること。そして、ただそれがあるという遠い地平を目指す。誰の欲望によっても踏みにじられることのない、限りなく無数のざわめきに満ちた沈黙の光景を。その微かな可能性を信じて、新たな息づかい、新たな身ぶり、新たな言葉を探す。

私にとって写真とは、そのような地平を目指す上で遠い目印となる星のようなものであったのかもしれない。

実際に写真を見るという行為は、夜空の星をまなざすことに、どこか似ている。それはずっと昔、あるいは少しばかり前に存在した光に触れることでもあるからだ。その意味で、写真そのものは真実でもなければ事実でもないし、嘘（うそ）でもなければ現実でもない。カメラの前で光を反射した世界、そこにカメラを向けた人間、そして今ここで写真をまなざす人間という三つの異なる生＝時間が、その光によって結ばれるという、束の間の出来事なのだ。

そのような束の間の出会いが、ごくまれに、沈黙への扉をわずかに開くことがある。そこに見えた沈黙の地平を、そこに潜んでいる無数の生のありようを、どうにかしてただそれがあるように言葉でたぐり寄せることはできないものだろうか。

（竹内万里子『沈黙とイメージ —写真をめぐるエッセイ—』より）

9　竹内万里子『沈黙とイメージ　―写真をめぐるエッセイ―』より

問一　傍線部ⅰ～ⅴの片仮名を漢字に直したとき、同じ漢字を用いるものを次の各群の**ア**～**エ**の中からそれぞれ一つずつ選び、その記号を書きなさい。

ⅰ　ソウゼツ

ア　滋養キョウソウ　　**イ**　階級トウソウ

ウ　ソウゴンな式典　　**エ**　ブッソウな世の中

ⅱ　ホッタン

ア　タンネンな仕事　　**イ**　タンセイな顔立ち

ウ　ダイタン不敵　　**エ**　タンシン赴任

ⅲ　キョウグウ

ア　都会のイチグウ　　**イ**　フグウをかこつ

ウ　グウゾウ崇拝　　**エ**　神社のグウジ

ⅳ　シュツジ

ア　ジゼン団体　　**イ**　神のケイジ

ウ　ネンジ報告　　**エ**　地方ジチ

v　ヒツゼツ

ア　ヒッケイの書物　**イ**　プロにヒッテキする技術

ウ　タッピツをふるう　**エ**　ホルモンのブンピツ

i	ii	iii	iv	v

5点（1点×5）

問二　（　X　）に入る最も適切なものを次の**ア**〜**エ**の中から一つ選び、その記号を書きなさい。

ア　根本的　**イ**　消極的　**ウ**　逆説的　**エ**　現代的

3点

問三　傍線部①「自分がこの本と関わることによって周囲から貼られるであろうレッテル」とあるが、それはどのようなものだと考えられるか。最も適切なものを次の**ア**〜**エ**の中から一つ選び、その記号を書きなさい。

ア　国際問題への関心を強めるあまり日本社会を省みなくなった。

9 竹内万里子『沈黙とイメージ ―写真をめぐるエッセイ―』より

イ　ルワンダを実際に見てもいないのに知ったかぶりをしている。
ウ　本業の写真との関わりを踏み越えて政治的活動へと参画していた。
エ　他の国で起きた悲劇を利用して売名行為に走ろうとしている。

□ 6点

問四　傍線部②「写真をとりまく沈黙を、自由と取り違えていた」とあるが、それはどういうことか。その説明として最も適切なものを次の**ア**〜**エ**の中から一つ選び、その記号を書きなさい。

ア　写真を見た人びとが多くを語らないのは、各々が自由に選択した結果であると思っていた。
イ　写真における言語的な情報の不足を、自由に想像を巡らせる余地としか考えていなかった。
ウ　写真が言葉に頼ることなく示しうる複雑な現実を、深く考えず自分勝手に単純化していた。
エ　写真を見て自由を想像することが、言葉を通して初めて可能になると気づいていなかった。

□ 6点

問五　傍線部③「想像力を隠れ蓑として苦しい言い訳を続ける」とあるが、それはどういうことか。その説明として最も適切なものを次の**ア**～**エ**の中から一つ選び、その記号を書きなさい。

ア　言葉とは異なる写真の特性を理由にして、言葉によって徹底的に考えることを怠る。

イ　他人のまなざしを恐れて自らの考えを主張せず、現実を直視しない姿勢に終始する。

ウ　社会から隠れて想像の世界に逃げ込み、写真を見ながら思い上がった考えにふける。

エ　言葉には限界があるということに居直り、都合のよくない想像を写真から排除する。

6点

問六　傍線部④「写真を見ている自分のまなざしもまた、到底無垢ではあり得ない」とあるが、その理由として最も適切なものを次の**ア**～**エ**の中から一つ選び、その記号を書きなさい。

ア　彼らの沈黙の深さを思いながら自分も逡巡や葛藤を抱えて生きていることに気づくから。

イ　写真に関わっている自身の行為自体が性的暴力をめぐる政治に関与することになるから。

ウ　性的暴力がルワンダだけの問題ではなく身の回りにも存在することを知っているから。

エ　遠く離れた場所にいたとしても複雑な国際情勢の中では誰もが加害者になりうるから。

9 竹内万里子『沈黙とイメージ ―写真をめぐるエッセイ―』より

問七　（　Y　）に入る最も適切なものを次の**ア**〜**エ**の中から一つ選び、その記号を書きなさい。

ア　二の足　**イ**　地団駄　**ウ**　虎の尾　**エ**　薄氷

6点

問八　本文で「写真」はどのようなものだとされているか。最も適切なものを次の**ア**〜**エ**の中から一つ選び、その記号を書きなさい。

ア　知られざる過酷な現実を世界へと伝達するもの

イ　言葉では表現できない真実を明らかにするもの

ウ　沈黙の地平に向けて静かに存在を指し示すもの

エ　言葉の訴求力を補完して思考を掻（か）き立てるもの

6点

6点

問九　本文の内容と合致しないものを次の**ア**〜**エ**の中から一つ選び、その記号を書きなさい。

ア　リスクを覚悟してカメラの前に立った母親たちの思いを、理解できると思うのは傲慢である。

イ　深い沈黙のうちにあるジェノサイドの犠牲者に代わって、その声を伝えることが重要である。

ウ　写真を撮ることや見ることは中立ではあり得ず、対象を搾取する権力に加担することもある。

エ　トーゴヴニクの写真集は、写真と言葉の組み合わせによって両者の限界も照らし出している。

□

6点

9 竹内万里子『沈黙とイメージ ―写真をめぐるエッセイ―』より

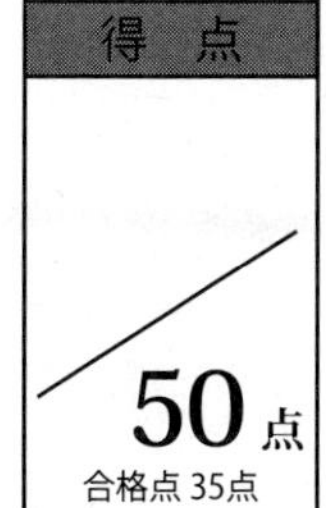

小説問題の読解と解法

福永武彦『忘却の河』

学習日　　月　　日

目標タイム

解答・解説▶P.134

次の文章を読んで後の問題に答えなさい。

私の妻は昨年の冬の初めの頃、遂に亡くなった。長年の間寝たきりで、その病名は医者にさえしかと分らず、しかも次第に衰弱して行きつつあることは明かだったから、妻の死は予想されたものだった。しかしどんなに予想されたものであっても、また私と妻との間にどうしても心の通わない一種の壁のようなものがあったとしても、予想と現実とは異り、死は心の空白とは関係がなかった。私はやはり妻を愛していたのだということを、妻が昏睡状態に陥り、次第に呼吸が緩慢になり、脈搏が微弱になって行くのを見守りながら、痛切に感じていた。しかしそれが今さら何になろう。

（中略）

妻が死ぬ数日前の或る寒い晩に、私は妻と二人きりでいて次のような話を交した。妻が私にこう訊いたのだった。ねえあなた、ふるさとってどういうものなんでしょうねえ。

お前はちゃきちゃきの江戸っ子じゃないか、ふるさとにずっと住んでいるんじゃないか、と私は

10 福永武彦『忘却の河』

やさしく答えた。なぜ急に妻がそんなことを言い出したのか私には分らなかった。しかし妻は落ち窪んだ眼に、①私を見ているのではない表情を浮べながら、尚も繰返した。

ふるさとって、ただの生れた場所というのとは違うんじゃありませんか。もっとどこか遠いところにあるような。

お前みたいに東京に生れて東京に育ったような人間には、ふるさとなんて言ったって実感がないだろうな。

あなたはどうですの、あなたのふるさとはどこ、と妻は訊いた。

ふるさとなんてものはないんだ、私たちにはみんなそんなものはないんだ、と私ははぐらかすように答えた。妻の質問は私の最も痛い部分に触れていたが、妻は意識して私にそれを訊きただそうとしたのだろうか。妻の眼が私の上に焦点を合せたようだった。ガスストーブの上で薬罐が滾っていた。むかし囲炉裏を囲んだ子供たちが眼を注いでいる中で、鍋の木蓋が時々持ち上っては、しゅうしゅうとうまそうな匂いのする湯気を吹き上げていた。彼はその子供たちの一人だった。しかしその子供というのは誰だったのか。それはいつ、何処のことだったのか。

あなたは一度も子供の頃の話をなさいませんでしたわね、と妻は言った。こうして夫婦になって長い間一緒に暮らしていながら、どうしてなんだろうとわたしはいつも思っていました。誰にだって、決して人には言いたくないことがあるものですがね。

そうだったかね、と私は言った。

あなたがこの家のおじいさんやおばあさんの子でないことは、わたしはうすうす知っていました。おじいさんもおばあさんも、亡くなられるまで、決してその話はなさらなかった。でもあなたは小さい時にどこかからこの家に貰（もら）われて来て、お二人の実子として育てられたのでしょう。そんなことちっとも隠すことはなかったのに。

お前が気がついていたとは知らなかったよ、と私は答えた。しかし人には言わないという約束だったのだ。親父やおふくろに固くそう約束させられていたし、それに自分はこの藤代家の跡取りだと自分に言い聞かせているうちに、すっかりそれに馴染（なじ）んで、昔のことはみんな忘れてしまった。お前にはA水くさいと思われたかもしれないが、私がどこの誰から生れたとしても、私の親はこの家の両親しかなかったんだよ。

でもあなただって、時々はふるさとのことを考えるでしょう、と妻は訊いた。

私はそして考えた。②それがふるさとと言えるだろうか。もう記憶も薄れ、両親の顔もB同胞の顔も思い出すことが出来ない。雪の深い東北の山国の河べりにある貧しい土地だったが、その後の五十年あまりの空白は私にその場所をさえもう忘れさせてしまっている。わたしはそのふるさとを懐（なつか）しいと思うことさえもないのだ。

わたしは自分のふるさとが海にあるような気がします、と妻は自分に語り掛けるように呟（つぶや）いてい

10 福永武彦『忘却の河』

た。どうしてだか分らないけれど、ふるさとというと、何だか遠い海を思い浮べて。青くて、深くて、涯（はてし）がなくて。

③私たちは新婚旅行には伊豆（いず）に行ったっけね、と私は言った。あそこの海は明るかったなあ、蜜柑（みかん）山では蜜柑が色づき始めていた。

あなたはやさしかったわ、と妻は言った。

（福永武彦『忘却の河』）

問一　傍線部①「私を見ているのではない表情」の説明として最も適切なものを次の**ア**～**オ**の中から一つ選び、その記号を書きなさい。

ア　妻は病気で衰弱したため視線が定まらず、考えもまとめられずにいる。

イ　妻は目の前にいる夫に失望し、過去のやさしかった夫の面影を求めている。

ウ　妻は自分の想念に深くとらわれ、夫の言葉には動かされなくなっている。

エ　妻は自分を病気に追い込んだ夫を恨み、彼の慰めをかたくなに拒んでいる。

オ　妻は自分の死が近いことを悟り、現世に未練を残すまいと決意している。

□
6点

問二　傍線部②「それがふるさとと言えるだろうか」とある。主人公の脳裏に、ふるさとの記憶が断片的に浮かんできたことを述べた箇所はどこか。文中のここより前の部分から九十字以内で抜き出し、最初の五字と最後の五字をそれぞれ書きなさい（句読点や記号も含む）。

最初 □□□□□　最後 □□□□□

8点

問三　傍線部③「私たちは〜色づき始めていた」の部分で、主人公が妻に新婚旅行の思い出を語った心理はどのようなものか。その説明として最も適切なものを次の**ア〜オ**の中から一つ選び、その記号を書きなさい。

ア　妻に生きる意欲を取り戻させようと、楽しかった思い出を話してみた。
イ　妻を今も深く愛していることを自覚し、その感動を率直に口に出した。
ウ　妻の話を聞くうちに、自分のふるさとも海にあったことを思い出した。
エ　妻との会話の重苦しさに堪えかねて、無意識に話題を転じようとした。
オ　妻の話を聞くうちに、若いころの思い出が懐かしくよみがえってきた。

□

6点

10 福永武彦『忘却の河』

問四　傍線部Ａ「水くさい」、Ｂ「同胞」の説明として最も適切なものを次の**ア**～**オ**の中からそれぞれ一つずつ選び、その記号を書きなさい。

Ａ　水くさい

ア　態度がなんとなく怪しく、疑わしい感じだ。
イ　どうするつもりなのかと、気がもめる感じだ。
ウ　関係の深い人なのに、打ち解けず親しみがない。
エ　性格が淡白で、細かいことにこだわらない様子だ。
オ　信念があまりに強固で、他人の付け入る余地がない。

Ｂ　同胞

ア　血を分けた兄弟姉妹。
イ　双子の一方。
ウ　幼なじみの友人。
エ　自分の分身。
オ　親の決めた結婚相手。

A

B

6点
（3点×2）

問五 次の**ア**〜**オ**のうち、本文の内容に合致するものにA、合致しないものにB、と書きなさい。

ア 主人公は、幼いころ両親の手を離れ、祖父母の手で育てられた。

イ 主人公夫妻には、子供が一人もいない。

ウ 主人公の現在の住まいは、東京にある。

エ 主人公は、妻を嫌っているわけではないが、心を通わすことができない。

オ 主人公は、妻の病気の原因が自分にあると感じ、心から後悔している。

ア	イ	ウ	エ	オ

10点（2点×5）

問六 二重傍線部「妻の質問は私の最も痛い部分に触れていた」とあるが、それはなぜか。主人公の生い立ちに注目して、八十字以内で書きなさい（句読点や記号も含む）。

12点

問七　本文の作者福永武彦は、堀辰雄の文学的影響を強く受けている。次の**ア**～**オ**の中から、堀辰雄の作品を一つ選び、その記号を書きなさい。

ア『伊豆の踊子』　**イ**『風立ちぬ』　**ウ**『潮騒』
エ『春琴抄』　**オ**『野菊の墓』

２点

得点

50点

合格点35点

出口汪（でぐち・ひろし）

関西学院大学大学院文学研究科博士課程単位取得退学。広島女学院大学客員教授、出口式みらい学習教室主宰。現代文講師として、入試問題を「論理」で読解するスタイルに先鞭をつけ、受験生から絶大なる支持を得る。そして、論理力を養成する画期的なプログラム「論理エンジン」を開発、多くの学校に採用されている。現在は受験界のみならず、大学・一般向けの講演や中学・高校教員の指導など、活動は多岐にわたり、教育界に次々と新機軸を打ち立てている。著書に『出口汪の「最強！」シリーズ』『日本語力 人生を変える最強メソッド』『出口のシステム現代文シリーズ』『論理でわかる現代文シリーズ』『システム中学国語シリーズ』（以上、水王舎）など多数。

■出口汪の最新情報はこちら
出口汪公式サイト
https://deguchi-hiroshi.com/

■水王舎の最新情報はこちら
https://suiohsha.co.jp

出口式
現代文 新レベル別問題集
5　上級編

2023年1月15日　第1刷発行

著　　者　出口　汪
発 行 人　出口　汪
発 行 所　株式会社　水王舎
　　　　　東京都渋谷区広尾 5-14-2　〒150-0012
電　　話　03-6304-0201
装　　幀　福田 和雄（FUKUDA DESIGN）
編集協力　石川 享（knot）
編　　集　出口 寿美子
本文印刷　光邦
カバー印刷　光邦
製　　本　ナショナル製本

本書の無断転載、複製、複写（コピー）、翻訳を禁じます。本書を代行業者等の第三者に依頼してスキャンや デジタル化することは、たとえ個人や家庭内の利用であっても、著作権上認められておりません。乱丁・落丁本はお取り替えいたします。
https://suiohsha.co.jp　© 2023 Hiroshi Deguchi,Printed in Japan
ISBN978-4-86470-146-4

大学受験

出口式 現代文 新レベル別問題集

5 上級編

解答編

取り外してお使いいただけます。

目次

● 難関私大型の設問形式を理解する

岩井克人『遺伝子解読の不安』

合格点 35点

問題▶ P.4

解答

問一 エ 5点

問二 最初 科学の目的 最後 からです。 5点

問三 Ⅰ エ Ⅱ エ 6点（3点×2）

問四 先陣 3点

問五 ア 5点

問六 「環境説」 4点

問七 エ 6点

問八 ウ オ 10点（5点×2）

問九 i 競 ii 権威 iii 必須 6点（2点×3）

1　岩井克人『遺伝子解読の不安』

目標

最先端のヒトゲノムと経済を絡めたテーマで、非常に興味深い内容である。

今回は最難関私大の問題。文章の論理構造は比較的読みとりやすいが、設問自体は、紛らわしい選択肢も多く、慎重に解かなければならない分だけ、やや難問といえる。

とくに問一の欠落文挿入問題と、問二の余分な一文を指摘する問題は、うまく対処しなければ時間的ロスが大きい。これらが最初の設問なので、時間配分を頭に置かなければ、大きな失敗につながる可能性が高いので、注意が必要。手間取るようなら後回しにしてもよい。

・欠落文挿入問題・余分な一文を指摘する問題の解法を理解する。
・時間配分に注意する。

論理的読解

●ヒトゲノムの解読

冒頭、「ヒトゲノム」の解読作業がほぼ完了したというニュースから始まっている。ヒトゲノムとは、「人間の設計図」とでもいうべきものである。

クリントン大統領は、「遺伝子情報を利用した新しい薬づくりの幕開けであり、病気の治療や診断、予防についての新たな時代が始まる」と述べたのだが、実は人びとの間では言い知れぬ不安が広がっている。その不安とは、「自分の運命はあらかじめ決まっているのではないか」というものである。

確かに人の能力も性格も、すべて遺伝子によってあらかじめ決まっているとしたなら、人間には「自由」などなく、無限の可能性を夢見ることもできず、努力することも怠ってしまうかもしれない。科学の発達は人間の生き方まで変えてしまうかもしれないのだ。

●環境説と遺伝説

次に筆者は「環境説」を取り上げる。「遺伝説」と対立関係であることに注意すること。「環境説」とは、「人間とは本来的な可塑性をもつ存在であり、その本性の大部分を後天的に習得する」というものである。要は、人は生まれてから、学習や経験を積み重ねることによって成長し、絶えず変化する存在だということである。そして、もともとはこうした「環境説」が大きな力を持っていた。

ところが、「環境説」と「遺伝説」との長年の対立が、今や大きく「遺伝説」に傾きつつある。

1　岩井克人『遺伝子解読の不安』

そして、冒頭のヒトゲノムの解読が、「遺伝説」優位を決定づけたのである。

●あらゆる既存の学問は無意味か

次に筆者はウィルソン博士を登場させる。彼は「人間に関するあらゆる知識はすべて遺伝学、さらにはその基礎をなす分子生物学に還元されるべきだ」という考えを提示した。既存のあらゆる学問を否定したのである。

極端な説であるが、確かに人間のあらゆる情報がすでにヒトゲノムという遺伝子の設計図に書かれていて、人生はその設計図通りのものに過ぎないのなら、そのことを無視したあらゆる学問は無意味だと言えるかもしれない。

筆者は経済学者である。セレラ社がヒトゲノムの中に人間の経済活動を支配する遺伝子を見つけてしまえば、経済学者の仕事は終わってしまう。

そこで、筆者は「どうやら私は二十一世紀には失業の憂き目にあいそうです」とし、さらには「だが、本当にそうなのでしょうか？」と、問題提起する。

その答えは、「否」である。当然、筆者は以下で、それを論証しなければならない。

●社会的存在としての人間

「人間は社会的な生物です。だが他の社会的な生物とは異なり、人間はお互い同士の直接的な関係によって社会を形成するのではありません」と筆者は述べる。人はたった一人では生きていけず、多くの人たちの助け合いの中で初めて人間として生きていくことができるのである。そして、人と人とは直接的な関係によって社会を形成するのではない。ここがポイントである。

では、直接的でなければ、何を媒介に社会を形成するのか。

「人間はそもそも言語を媒介としなければ集団を形成できません。法を媒介としなければ共同体を形成できません。貨幣を媒介としなければ交換関係を形成できません」

人間が一人だけで生きていく生物ならば、その人の人生は遺伝子によって決められてしまう部分が大きいかもしれない。しかし、人間は社会的動物であり、その人生は人と人との関係によって決まっていく。そして、人間は人と人とを媒介するものとして、言語・法・貨幣を生み出したのである。

つまり、筆者が「否」と答えた理由は、人間が「言語」を語り、「法」に従い、「貨幣」を使う生物だからであったのである。

1　岩井克人『遺伝子解読の不安』

●人間の外部にある言語・法・貨幣

セレラ社がどんなに調べても、ヒトゲノムの中に言語や法や貨幣に対応する遺伝子を発見することはできない。なぜならば、これらは人間の外部にある存在だからである。

もしヒトゲノムの遺伝子情報によって決められた人生しか生きられないとしたなら、人間には自由が与えられていないことになる。ところが、言語や法、貨幣が遺伝子には支配されない外部の存在であるがゆえに、人間は自由であり続けるのである。

言語や法や貨幣によって、私たちは個々の人間を超えた意味や規範や価値の体系を自分のものにし、自分の認識や目的や欲求を相対化することができた。筆者はこれらを「自分を見るもう一つの目」、「『外部』からの目」を手に入れたのだとし、それによってはじめて人間は「自由」になる可能性を持つと指摘する。

まさに「『言語・法・貨幣』に乾杯」である。

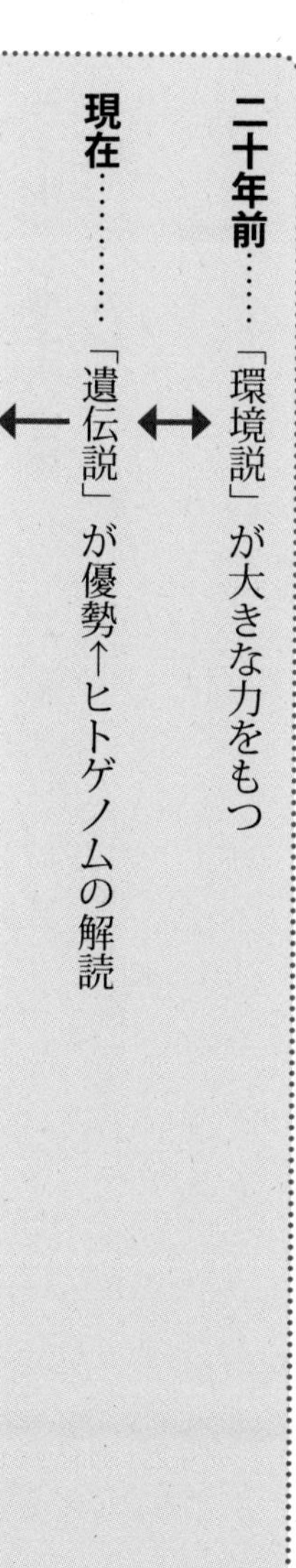

二十年前……「環境説」が大きな力をもつ
現在…………「遺伝説」が優勢↑ヒトゲノムの解読

ウィルソン博士の主張

人間のあらゆる知識はすべて遺伝学、分子生物学に還元されるべきだ。

⟷

筆者の答えは「否」

→ 社会的な生物である人間は、人間と人間を媒介する「言語」「法」「貨幣」により、外部の目を手に入れることで、人間としての自由を獲得した。

（内部に遺伝的に書き込まれたものから自由になることができた。）

論理的解法

問一

欠落文挿入問題。

まず欠落文の指示語「それは」をチェック。

「それは」は主語で、述部は「遠い彼方に起源をもち」、「継承されてきました」である。

そこで、「それは」の指示内容が（ア）〜（オ）の直前にあるかどうかを検討する。

すると、（エ）の直前に「言語と法と貨幣とは歴史的な存在です」とあり、「それは」を「言語と法と貨幣」に置き換えると「『言語と法と貨幣』は遠い彼方に起源をもち」、「継承されてきました」とつながるので、指示内容だとわかる。
（ア）の直前は、ヒトゲノムの三十二億の配列がほぼ解明されたという内容、（ウ）の直前は、ウィルソン博士の主張、（オ）の直前は、言語も法も貨幣もない社会を夢見ることで、どれも、「それは」の指示内容としてふさわしくない。

欠落文挿入問題は、欠落文中の指示語、接続語などの論理語をチェックする。

問二

「内容から言っても、論旨の展開から言っても」、余分な一文を指摘する問題。

筆者は「遺伝説」と「環境説」の対立を指摘し、25行目で「環境説と遺伝説との間の長年の対立がいま大きく『遺伝説』に傾きつつある」と述べている。すると、次には「遺伝説」が優位になった理由か、具体例などがくるはずである。

ところが、次の一文は「科学の目的は、無限の英知への扉を開くことではなく、無限の誤謬にひとつの終止符を打ってゆくことだからです」とある。「から」があるので、前文の理由になっているはずだが、「『遺伝説』に傾きつつある」の理由とは言えず、論理的につながらないのは明らかである。

また次の一文は「そして、このような学問的趨勢をその極限にまで推し進めてきたのが、ハーバード大学名誉教授のエドワード・ウィルソン博士です」とあるが、「このような」の指示内容として、直前の「科学の目的は～」の一文は不適当である。逆に「科学の目的は～」の一文を削除すると、「このような」の指示内容が直前の「『遺伝説』に傾きつつある」となるので、論理的に文章がつながる。

余分な一文を指摘する問題でも、指示語、接続語などの論理語を手がかりとする。

1　岩井克人『遺伝子解読の不安』

問三

Ⅰ

やや難問。（　Ⅰ　）には「不安」を飾る言葉が入る。では、どんな不安か。11行目「言い知れぬ不安」、さらに12行目「自分の運命はあらかじめ決まっているのではないかという不安」とあり、さらに13行目「『自由』とは～幻想にすぎなかった」といった不安なので、選択肢の中では**エ**「本能的」しか適切なものはない。他の選択肢が抽象的な用語なので、その分、惑わされたかもしれない。

アの「形而上」とは、「抽象的で形のないもの」という意味。**ウ**「不可知論」は神や死後の世界などは認識することができないとする哲学的、宗教的立場のことであり、どれも入れるべき根拠がない。

「言い知れぬ不安」とは、心の奥底で漠然と広がっている不安のことであり、**エ**「本能的」が適切。ただし、**イ**「実存的」も適切ではないが、入れても間違いとまでは言えないので、少し無理がある問題である。

Ⅱ

直前の指示語「そのように」をチェック。指示内容は直前の「言語を語り～自分のものにすることができる」だが、その中に「私たちを超えた」とあるので、**エ**「超越的」が答え。
直後の「自分を見るもう一つの目」から、**イ**「客観的」を答えにしたかもしれないが、あくまで直前の指示語「そのように」から検討しなければならない。

問四
基本的な語彙の問題。どちらが先にヒトゲノムを完全に解読するかの競争なので、「先陣争い」。

問五
整序問題だが、最後の文だけを答えればよいので、かなり楽なはずである。
（　Ｂ　）の直後を検討すると、「それは、人間が言語や法や貨幣を自由に創造しうるから自由であるという意味ではありません」とある。そこで、指示語「それ」の指示内容が（　Ｂ　）の最後にくることがわかるので、自由に関する記述のある**ア**が答えだと、この段階でも推測可能である。また、（　Ｂ　）の直前はヒトゲノムの中に言語や法や貨幣に対応する遺伝子がないということを述べている。

次に各選択肢の冒頭の接続語に着目すると、**イ**「たしかに人間は言語や法や貨幣を媒介とする能力を遺伝的に蓄積してきました」と、**エ**「だが、言語それ自体、法それ自体、貨幣それ自体は、人間の脳の内部にあらかじめ埋め込まれているわけではない」が逆接でつながるので、**イ→エ**の順序だとわかる。

言語・法・貨幣を媒介とする能力は遺伝によるが、言語・法・貨幣自体は脳の内部にあらかじめ埋め込まれているのではないのである。

次に、**エ**「内部にあらかじめ埋め込まれているわけではない」と、**ウ**「脳の『外部』から与えられる」とが、論理的につながる。そこで、**イ→エ→ウ**となる。

後は**ア**がこの前にくるのか、最後にくるのかを決めなければならない。

ア「そして、まさにここに人間の『自由』の可能性が生まれてくる」の「ここ」の指示内容が、**ウ**「脳の『外部』から与えられる」にあたるので、**イ→エ→ウ→ア**の順序となる。

つまり、言語・法・貨幣が脳の外部にあるからこそ、人間は遺伝子に左右されない自由を獲得できたのである。

！

整序問題は各文冒頭の接続語や文中の指示語に着目せよ。

問六

昔は「環境説」が有利だったが、今や趨勢は「遺伝説」の方にあるので（　C　）直前の「かつて」から、答えは「『環境説』」。記号も一字と数えることもポイント。

問七

各選択肢の最後はどれも「祝いたいから」とあるので、傍線部Xの「乾杯です」の理由は「祝いたいから」だとわかる。そこで、「言語・法・貨幣」をなぜ祝いたいのかを考える。傍線部X直前に「自分を見るもう一つの目――『外部』からの目」によって、「自分の『内部』に遺伝的に書き込まれた行動パターンの総計としての存在から『自由』になる可能性をもつ」とある。「自由」について言及しているのは、**エ**しかない。

ア「『言語・法・貨幣』の役割がはじめて正当に評価される時期を迎えつつある」、**イ**「人間には更なる進化の可能性がある」、**ウ**「経済学という著者の学問分野に根拠を与え続けてくれる確証が得られた」、**オ**「媒介のない社会への長年の夢が一歩実現に近づいた」などは、どれも祝いたい理由としては不適切。

問八

消去法により解く。やや難問。

ア「未知の危険性」については記述がないから、×。

イは、いくらヒトゲノムの解読が進んでも、「言語・法・貨幣」は人間の外部にあるものだから、「人間が人間でありえる可能性が再び揺らぐ」ことはないので、×。

残った**ウ**、**エ**、**オ**のうち、間違った選択肢を一つ発見できれば、答えはおのずと出るので、相対的判断をしていくこと。とくに**エ**と**オ**の判断が難しい。

エ「これまで『環境説』が大きな力をもっていたのは～その立場が人間に希望をもたらすものであったためである」とある。15行目に「二十年前、人間は希望をもっていました～その本性の大部分を後天的に習得するのだという『環境説』が大きな力をもっていたからです」とあるが、あくまで「環境説」が大きな力をもっていたから、人間は希望をもっていたと述べているのであって、**エ**のように「環境説」が大きな力をもっていた原因が、人間に希望をもたらすものだったからとは書いていない。逆が真だとは限らないのである。

オ「ウィルソン博士の提唱は、科学者の立場としては理解できても」とは、本文にははっきり書いていないが、博士の主張自体を決して否定しているわけではない。たとえ、ヒトゲノムが人間の設計図だとしても、言語・法・貨幣は遺伝子に左右されない外部の力だから人間は自由だと述べているので、**エ**と比べて相対的に適切だと言える。

ウは、50行目「社会的な生物としての～含まれているのです」という記述があることから適切。

発展学習

私大型の設問が多岐にわたって出題されている。欠落文挿入問題、余分な一文を指摘する問題、整序問題などである。こうした設問は行き当たりばったりで解くのではなく、一貫した解法を身につけることが必須である。

とくに問一・問二は時間をロスする可能性があるので、場合によっては最後に解くこともあり得る。

また、本文を読む前にあらかじめ設問にさっと目を通しておくことも有効である。段落分け、欠落文挿入問題、余分な一文を指摘する問題、整序問題などは、最初から頭において本文を読む方が効率的である。

最後に、本問を解くことによって、指示語、接続語の大切さを再確認しておいてほしい。筆者はこうした論理語を使用することによって、文章を論理的に読むように読者を誘導しているのであり、これらを無視した読解や解答は主観的なものにすぎないのである。

●紛らわしい選択肢の選び方

都城秋穂『科学革命とは何か』より

合格点 40点
問題▶P.14

解答

問一 ウ 5点

問二 ウ 5点

問三 ウ 6点

問四 イ 6点

問五 ア B イ A ウ B エ A 8点（2点×4）

問六 ウ 6点

問七 イ 6点

問八 ア B イ A ウ B エ A 8点（2点×4）

2　都城秋穂『科学革命とは何か』より

目標

すべてが選択式の問題である。そういった意味では、難易度の高い共通テストと考えてもよい。

選択式問題の場合、たとえ文章を正確に読みとれていなくても、大抵は選択肢を二つにまで絞り込むことが容易である。むしろ、早慶上智レベルの受験生ならば、そのくらいはできなくてはならない。二つまで絞り込めば、勘で選んだとしても、正答する確率が50パーセントになる。当然、平均点が大幅に高くなるわけである。

さらに今回は問五と問八はAかBの二択である。まったくわからなくても、正答できるかどうかは五分五分なのだ。だから、設問自体が難しくても、平均点は高くなると考えた方がよい。そこで、出題者はおのずと紛らわしい選択肢を用意することになる。ときに悪問すれすれになることがあるのも、こういった理由なのである。

大切なことは選択肢を確実に二つに絞り込むこと。各選択肢でAかBかを選択する設問の場合は、必ず判断がつかないような紛らわしいものが出題されるので、もしわからなかったら、あまり考え込まずに勘で答えておくこと。時間的ロスを防げるだけでなく、こういった場合は配点が小さいので、間違ってもあまり大きな傷にはならない。

試験で肝心なのは基本的なものをまず確実に得点することである。

- 時間配分に気をつける。
- 基本的な問題を確実に得点する。
- 紛らわしい選択肢は二つまで絞り込む。

論理的読解

自然科学がどのように発展するのかなど、あまりなじみのないテーマである分、理解するのに戸惑ったかもしれない。しっかりと論理を追っていくことが重要である。

冒頭にある枠内の説明で「自然科学はいかなる過程をとって発展するか」と、話題が提示されている。これを「パラダイム」という概念を用いて説明しようとするのである。

まず、文章Ａは「パラダイム」という概念の説明である。

●パラダイムとは何か

まずパラダイムの定義を理解しよう。

2　都城秋穂『科学革命とは何か』より

個々の科学分野の最初期には、根本的な問題についても異なる見解が対立している。ところが、研究が進んでくると、その分野の研究者全部が根本的な考え方では一致してくる。そのとき、「一つの科学者共同体のなかで、すべての人によって支持される法則、理論、用語、記号、モデル、方法、模範例、装置、価値観、自然観などのすべてを一括して、クーンは『パラダイム』(paradigm)と名づけた」

このパラダイムの定義を通して、自然科学分野の歴史を読みとっていこう。

●非通常科学

「パラダイム」「通常科学」「非通常科学」「科学革命」と、普段聞き慣れない用語が登場するが、これらの用語を一つひとつ文脈の中で規定していかなければならない。

通常科学の時期では、その時代のパラダイムで説明できない現象が見つかっても、もっと工夫をすれば解決されるだろうと、放置されることになる。ところが、パラダイムで説明できない現象が多くなると、パラダイムに疑いをもつ人が増えてきて、やがてパラダイムに対する危機意識が広まる。これが非通常科学の時期である。

そこで、今までのパラダイムで説明できない現象を、新しい理論で説明しようとし始める。

●科学革命

「新しい理論が提案されると、それはそれまでのパラダイムをつくっている古い理論と比較され、さらに自然についての観測や実験と比較される。新しい理論のほうがよさそうだと感ずる研究者が多くなると、『科学革命』(scientific revolution) が始まる」

これが科学革命である。たとえば、天動説から地動説へとパラダイムが転換された時がそうである。

「それまでの古い理論で説明されていた現象のすべてを、新しい理論で説明する努力が始まる。その結果、関係ある科学者共同体の大部分が古いパラダイムを捨てて、新しい理論を認めるようになると、科学革命は実際上完了する」

このように科学革命が進むと、一切が新しい考え方をもとに、自然現象を説明することになる。そして、新しいパラダイムに基づく通常科学の時期となるのである。

●通常科学

自然科学とは、自然現象をある法則、理論で説明することであるが、通常科学の時期においては、「そのパラダイムに対する信頼感が強いから、その理論が自然と比較されて、合わないからといって放棄されるということは、実際は起こらない。その理論がもし観測

2 都城秋穂『科学革命とは何か』より

と合わなければ、もっと工夫すればそのうちに合うように説明できるだろうと思って、それを未解決のパズルとして放置する」とある。

ところが、危機感が生まれてくると、新しい理論を考え出す人が出てくる。「古い理論と対立する新しい理論が現われたときにはじめて、二つの理論と自然とが比較され、新しい理論のほうをもっともらしいと思う人は、古い理論を放棄する」

こうして科学革命が再び起こるのである。

ここで、天動説と地動説の例で考えてみよう。

コペルニクスが登場するまでは、「天動説」が支配的だった。その頃は、「天動説」に基づいた理論や法則が正しいと認められ、その共同体では同じ用語、同じ記号、同じモデルを使い、学生はそれによって教育された。その結果、その共同体に属する科学者たちは、共通の価値観を持つようになる。

だから、コペルニクスがいくら「地動説」を唱えたところで、それに耳を貸そうとする科学者はそれほど多くはなかったのだ。

やがて、「天動説」に疑いをもつ人が増えてくると、科学革命が起こり、「地動説」が支配的となった。パラダイムが転換したのである。ニュートンの万有引力の法則、アインシュタインの相対性理論と、自然科学は右肩上がりに一直線に進歩するのではなく、パラダイムの転換を繰り返しながら進歩したのである。

●宗教的回心

さて、パラダイムが変わるとは、果たしてどういうことだろうか？

パラダイムが変わると、同じ現象を見ても、それを取り扱う見方や考え方だけでなく、あらゆるものが変わる。

「結局、その現象を見る見方が変わり、その意味でパラダイムは一つの自然観を含んでいる」

対立するパラダイムは、前提も考え方も同一基準では測れないので、どちらかの方が正しいと論理的に証明することができない。それを筆者は「共約不可能」と述べている。

結局は「科学者共同体の大部分が古いパラダイムを捨てて新しいパラダイムを採用するようになるのは、純粋に論理的な過程ではなくて、いわば宗教的回心（conversion）に似た、考え方の変化（転換）である」とある。

科学者が新しいパラダイムへ移行するのは、論理的な過程ではなく、根本的な考え方の転換によるものであるから、筆者はそれを宗教的回心に似ていると述べている。

たとえば、キリスト教と仏教のどちらが正しいかを論理的に証明することはできないが、今までキリスト教を信じていた人が、何かのきっかけで自分の考え方が変わり、仏教徒に回心するようなものだということである。

論理的解法

問一

指示語の問題。

傍線部①「その共同体」とは、７行目の「その分野の科学者共同体」を指している。「その分野」とは、５行目に「その分野の最も根本的な問題についても、さまざまに異なる見解が対立している」とあり、それに対して、「その分野の研究がもっと進んでくると、その分野の研究者全部が根本的な考え方では一致してくるようになる」とあるので、「その分野の科学者共同体」とは、**ウ**「ある特定の問題を研究対象とする科学者の集団」だとわかる。

ア「ある特定の地域社会に属している」とは書かれていないから、×。

エ「ある特定の装置によって実験をしている」、**オ**「ある特定の法則や理論を共有する」

は、どちらも7行目の「すなわち」以下で示されている具体的説明の一つにすぎないので、×。

イと**ウ**とで迷ったかも知れないが、そのような場合、自分で判断せずに、必ず文中に戻って判断すること。

イ「ある特定の価値観、自然観を共有している」は、12行目「そして、その共同体に属する科学者たちは、共通の価値観をもつようになる」を根拠にしているが、添加の接続語「そして」があるので、直前までの「その分野の科学者共同体」の具体的説明と「イコールの関係」ではないので、×。

迷ったら、接続語、指示語などの文法的根拠を見つけること。

問二

傍線部②を含む段落の内容を理解できたかどうかの問題。

「パラダイムに対する危機の意識」とは、パラダイムに対する疑いが増えていくこと。その結果、やがて非通常科学の時期へと移行する。

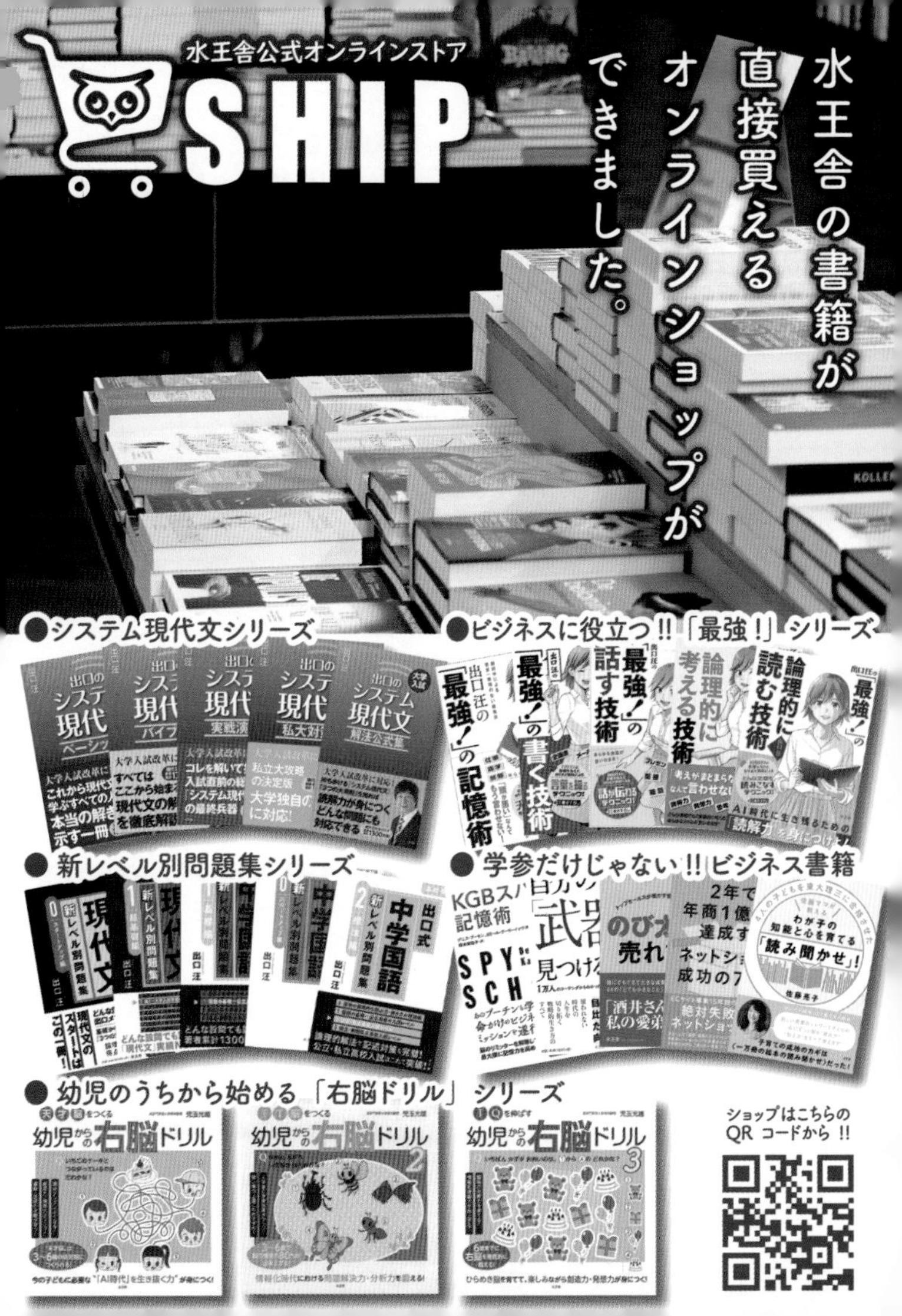

水王舎公式オンラインストア
SHIP

水王舎の書籍が直接買えるオンラインショップができました。

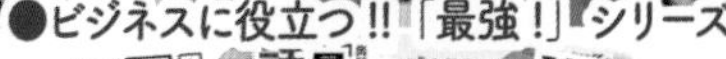

● 新レベル別問題集シリーズ

● 学参だけじゃない!! ビジネス書籍

● 幼児のうちから始める「右脳ドリル」シリーズ

ショップはこちらのQR コードから !!

伝説のカリスマ現代文講師 出口汪による

各方面で話題沸騰!!

出口式 現代文 音声講座

大切なのは、聞き逃さないように「集中」すること。

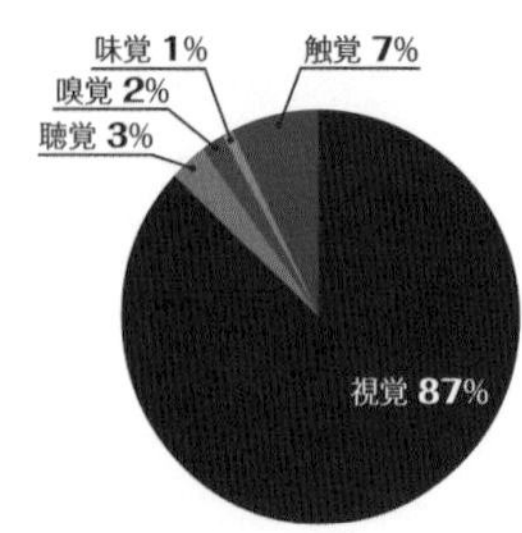

現在多くのオンライン講座が、YouTubeをはじめとした「映像」で展開されています。多くの情報を処理する人間の脳の大部分、80%～90%が「視覚情報」に割り当てられているといわれており、「国語」という教科においては、映像による「視覚情報」の処理と問題を解く「思考」を同時進行させることがとても困難といえるのです。出口式音声講座はこの**「思考」→「音声講座を聴く」→「思考」**というプロセスが最も効果が高い学習法であるということに着目した、まさに**「現代版ラジオ講座」**なのです。

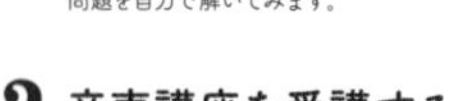

1 まずテキストを解く

まずはテキストとなる参考書・問題集等の問題を自力で解いてみます。

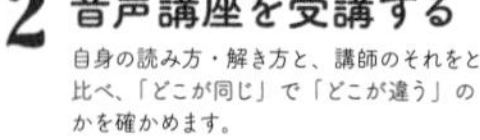

2 音声講座を受講する

自身の読み方・解き方と、講師のそれをと比べ、「どこが同じ」で「どこが違う」のかを確かめます。

3 別冊解説集を熟読する

講義終了後、別冊の解説集をじっくり読み、講義を再度活字にて整理します。この復習が最高の効果をもたらします。

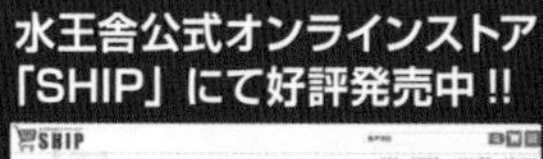

水王舎公式オンラインストア「SHIP」にて好評発売中!!

お買い求めはこちらから→

テキスト + 音声講座

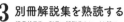

お問い合わせ・お申し込みはこちらから

株式会社 水王舎

〒160-0023 東京都新宿区西新宿8-3-32 カーメルI-301
【電話】03-6304-0201 【FAX】03-6304-0252
【URL】 https://onsei.suiohsha.net/

ア「パラダイムという概念自体が成立しなくなる」は、パラダイムの概念そのものがなくなるわけではないので、×。**エ**「科学者共同体が分裂するのではないか」は、本文に書かれていないから、×。

イと**ウ**を比べると、**イ**「価値観や自然観はともかく」、**ウ**「理論、価値観、自然観にわたって」という部分が異なる。パラダイムとは、理論、価値観などすべてにわたったものなので、**イ**を消去。

選択肢が二つ残ったら、選択肢同士を比較して最適なものを選ぶ。

問三

「特徴ではないもの」を選ぶことに注意。

傍線部③「非通常科学」の時期とは、その時代のパラダイムを疑う人が増えてくる時期である。逆にいうと、「通常科学」の特徴となるものを答えればよい。

各選択肢が、「通常科学」の時期か、「非通常科学」の時期かを、一つひとつ丁寧に判断していこう。

ア「その時代のパラダイムとは相容れない理論が提案される」、**イ**「疑いの念をもつ人が増加」、**エ**「新しい理論」が登場し、古い理論と「比較検討される」のは、すべて「非通常科学」の時期。

ウ「未解決のパズルとして放置される」だけが、33行目にあるように、「通常科学」の時期。この時期ではまだパラダイムへの信頼が強いので、いずれそれも解決できるだろうと、放置されるのである。

問四

何と何が比較されるのか、傍線部を丁寧に吟味すること。

傍線部④の「二つの理論」とは、「古い理論」と「新しい理論」のこと。

あくまで自然科学は自然現象を説明するためのものであるから、「自然とが比較され」とは、どちらの理論がより自然現象を上手く説明できるかという比較。

「新しい理論」の方が上手く自然現象を説明できると思う人は、やがて「古い理論」を捨てることになり、そうした人たちが増えてくると、「科学革命」が起こるのである。

ア「別個の自然現象」が、×。同じ自然現象を説明しなければ、どちらの理論が優れているか、わからない。

2　都城秋穂『科学革命とは何か』より

イ「その整合性に差があるかを調べる」は、どちらが優れているのかを調べることになるので、○。

ウ「同等の整合性をもつことを確認する」では、どちらが優れているかわからないので、×。

エ 傍線部④の「自然とが比較され」は、「自然に対する見方の違い」ではないから、×。

問五

傍線部⑤「科学革命」とは、パラダイムの転換が起こることである。すると、理論、法則からものの見方まで、あらゆるものが変わってしまう。

ア すべてが変わるので、「観察や実験データはそのまま残る」が、×。

イ すべてが変わることから、「古いデータの多くはまったく意味をもたなくなる」は、合致している。

ウ「古い自然観や概念組織」も変わるので、「通常保持される」が、×。

エ 41行目に「科学革命によって一つの分野のパラダイムが変わると、同じ現象を見ても、それを取り扱う見方、考え方が変わり、その現象について取り上げる問題が変わる。パラダイムが変わると、今まで重要であった問題やデータが、まったく無意味なように見えてくることもある」とあることから、合致している。

問六

傍線部⑥直前の指示語「その意味で」をチェック。直前の「その現象を見る見方が変わり」が、その指示内容で、「その現象」とは自然現象のこと。

自然現象に対する見方が変わるから、筆者は「その意味でパラダイムは一つの自然観を含んでいる」と指摘しているのである。

ア「自然観」とは自然に対する見方のことなので、「それが自然に関わるものならば」が不適切。「パラダイムが変化してもその解釈や位置付けは変わらない」も間違い。

イ「人間と自然との共存関係に依存している」は、本文に書かれていないから、×。

エ「自然に対する見方は変わらない」は、逆。

「自然現象に対する見方が変わる」とあるのは、**ウ**だけである。

問七

「宗教的回心」の説明としては、**ア**「感覚と感情の問題」、**ウ**「科学者共同体のどれだけの人が、移行に賛成するか」、**エ**「科学者個人の人生観」などが間違い。
イ「考え方を根本的に変えることができるか否か」だけが、「宗教的回心」「考え方の変化」の説明に合致している。

問八
全体の内容を理解したかどうか。
ア「理論は～観測結果と合わなければ放棄されるべきものであり、実際、科学においては常にそのように行われている」とあるが、「通常科学」の時期ではたとえ観測結果と合わなくても「未解決のパズルとして放置」されるので、「常に」が、×。
イ「放棄されないことがある」（未解決のパズルとして放置される）のは、「パラダイムへの信頼感の強さを示している」から、合致している。
ウ「二つのパラダイムが共約不可能であるのは、科学革命によって概念組織が変わってしまうから」とあるが、「概念組織」だけでなく、「あらゆるものが変わってしまうから」なので、×。
エ　最終結論に合致している。

発展学習

難関私大の問題は時間配分を念頭に置くことが大切。また、大学ごとに特色があるので、志望校の問題傾向に慣れることも必要である。

どの設問も本文にどう書いてあるのかを問うものばかりであるので、必ず文中の該当箇所をもとに判断すること。ただし、該当箇所を探すのに、本文全体から探すと、時間的ロスがあり、時間が足りなくなり、結果、正答率も低くなりがちである。そこで、論理を追いながら、その中で自然と該当箇所を発見したり、意味段落ごとに内容を整理し、その中にある設問を解いたりするなどの工夫が必要である。

また、一見難しく思えるかもしれないが、問一・問二に紛らわしい選択肢があるだけで、後は比較的基本的な問題である。問五・問八のように、選択肢ごとにAかBかを判断する問題は、まったくわからなくても正答の確率は半分であり、たとえ間違ったところで配点は低いので、恐るるに足らずである。

2 都城秋穂『科学革命とは何か』より

第1章

3

「対立関係」を意識する

原 仁司『前衛としての「探偵小説」——あるいは太宰治と表現主義芸術』

合格点 **40**点

問題▶ P.24

解答

問一 i 起因 ii 担保 2点（1点×2）

問二 オ 2点

問三 イ 2点

問四 エ 6点

問五 イ 6点

問六 ウ 6点

問七 ア 6点

問八 イ 6点

問九 オ 6点

問十 ウ 6点

問十一 ア 2点

3　原 仁司『前衛としての「探偵小説」―あるいは太宰治と表現主義芸術』

目標

テーマ自体が日常あまりなじみのないものだったかもしれない。また、太宰治の話など文学史的な要素もあるため、諸君の中には難しく感じた人もいるだろう。

ただ、漢字以外はすべて選択式の問題で、紛らわしい選択肢が少ないので、高得点が可能である。

長文ではあるが、引用文を多用しているので、「イコールの関係」を意識して読んでいくと、数行の要点が浮き彫りにされてくる。あくまで筆者の主張と同じだから引用したのであって、多少難解な引用文でも、気にする必要はない。

- 文学史の基本的事項を確認する。
- 引用文の扱い方を理解する。

「話題」は探偵小説についてである。諸君にとっては、推理小説といった方が、なじみがあるかもしれない。そこで、推理小説を頭に置いて読むと理解しやすいだろう。「イコールの関係」としての具体例や引用、「対立関係」をしっかり意識すると、文章の要点と論理構造が浮かび上がってくる。

●探偵小説のステレオタイプ化

冒頭、「探偵小説は、その性質上、犯人の『内面』が直截描かれる機会が少ないために、個別の『罪』の問題はどうしてもステレオタイプ（紋切り型）化されて取り扱われることになる」と、筆者の主張が提示される。

以下、探偵小説における「罪」がステレオタイプ化されることとの具体的説明である。犯罪行為は誰もが承認できる記号化されたものとして処理されねばならないし、そこには理にかなった動機が必要である。それらをまとめたのが、「犯人の『内面』は、われわれ読者が了解可能な合理性の範疇に属していなければならない」ということである。その結果、犯人の「罪」は「法」によってしか裁かれない。

●ドストエフスキーの『罪と罰』

探偵小説に対して、ドストエフスキーの『罪と罰』が、対立関係として提示される。『罪と罰』では、殺人を犯した主人公と、彼を犯人として追及する判事の対決が描かれる。当初は殺害した老婆を「殺されて当然」と考えていた主人公だが、やがて、苦悩の末自首するという結末を迎える。

『罪と罰』は事件が鮮やかに解決されることをめざしたのではなく、「罪」の概念を実存的に掘り下げていくことをめざしていたのである。

一方、探偵小説は「犯人の苦悩も狂気も、孤独も、昏迷も、すべてがわれわれ読者にとって理詰めで解釈されるものでなければならない」。だから、不条理の壁を乗り越えてはいけないのである。まさに人間の本質は不条理であると言える。

- **実存**……人間一人ひとりの個別的な存在。
- **実存主義**…人間の実存を哲学の中心に置く考え方。人間の実存は普遍的、合理的な説明がつかない、個別的な存在であること。
- **不条理**……事柄の筋道が立たず、道理に合わないこと。

●太宰治の「女の決闘」

それに対して、筆者は太宰治「女の決闘」においての、ヴィリエ・ド・リラダンの洒脱な挿話を対立関係として引用する。

引用文の中でも、ある声楽家と彼の許嫁の妹とが対比となっている。ある声楽家は許嫁の死の床で、声をあげて泣きむせぶ許嫁の妹の涕泣に発声法上の欠陥があることに気づいて、訓練を必要とするとふと考えた。だが、その声楽家は許嫁との死別の悲しみに堪えきれずに、その後間もなく死んだが、許嫁の妹は喪が明けると心置きなく喪服を脱いだのである。

結局、誰も声楽家の真の苦悩を測ることなどできないのだ。

許嫁を先立たせたのは、彼にだけ訪れる個別の「罪」であり、余人と共有できるものではない。

●キェルケゴールの言葉

筆者はさらにキェルケゴールの言葉を引用する。

「(罪が)真剣な問題になるのは、罪一般ではなくて、君が、そして私が罪びとであるということである」

「罪」としてではなく、「罪一般」として考えれば、引用の声楽家は、「余人」からいろいろと解釈されるのだろう。だから、探偵小説は「罪」の問題を実存的に掘り下げることができないといえる。そして、不条理の辺土から立ち退きを命ぜられてしまうのである。

次にデュボアの言葉を引用する。文章を難解に感じたかもしれないが、時間との勝負である試験においては、さっと目を通すだけでかまわない。あくまでも、引用は筆者の主張を詳しく説明するためのものだからだ。59行目のデュボアの言葉「探偵小説という～描き出す」は筆者の考えと「イコールの関係」になる。

ただここで若干の説明を加えておこう。

人間の心の底にあるものは誰も理解できず、個別のものである。こういった意味で、人間とは実存的な存在だと言えるのである。「罪」の問題も同じで、合理性では説明できない、つまり不条理なものなのである。

ところが、探偵小説はそれを法制度によってのみ裁かれる悪へと変じてしまう。太宰治は「人間失格」の中で、「罪の対義語が、法律とは！　しかし、世間の人たちは、みんなそれくらいに簡単に考えて澄まして暮らしているのかも知れません」と述べるのである。

●太宰治の心中事件

太宰治は、キリスト者としての「罪」の課題を意識している。彼も教会主義を否定し、「内面」的な「罪」の意識への深化へと向かっていった。鎌倉の海での心中事件については「発展学習」で詳述するが、当時の彼は刑事に真相を「告白」することはできなかったはずである。

これまでの文脈からすると、法律、そして、刑事は「罪一般」で太宰の心中事件をとらえているのに対して、太宰自身はそれを彼個別の「罪」であり、刑事には理解できない不条理なものととらえているのだ。だからこそ、彼は真相を「告白」できなかったのであり、それは後の「人間失格」での「告白」まで待たなければならないのだ。

「かつて女を死に至らしめた男の『罪』は、神のみがその裁きを下せるものであったはず」であり、「彼が『罪』概念の普遍的な解釈をではなく、その不可侵の個別性をこそ追求していたこと、科学的な因果律では導きえない実存の究極の深みをこそ切望していた」のである。

探偵小説

犯人の「内面」が直接描かれる機会が少ないため、個別の「罪」の問題はステレオタイプ化されがちである。

ドストエフスキーの「罪と罰」・太宰治

「罪」の概念は不可侵の個別性を有し、不条理な実存的なものである。

論理的解法

問一の漢字以外はすべて選択式の問題である。第2講に続いて、選択肢の選び方を意識すること。一部紛らわしい選択肢の設問はあるが、他の基本的な設問は確実に得点すること。

問二

文脈力の問題。直前に「共通の」とあることから、「人はみな誰もが罪を負っている」は誰もが了解していること。そこから、**オ**「暗黙の了解」が答え。

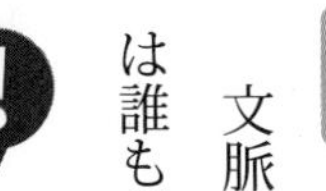

空所問題はその前後をチェックすること。

問三

合理性とは道理にかなった性質。**イ**の「不条理」とは、道理に合わないことだから、これが答え。

問四

『罪と罰』の作者（ドストエフスキー）は探偵小説のように事件を鮮やかに解決することをめざしたのではない。「実存的に掘り下げていく」とは、33行目「それは、彼だけに訪れる個別の『罪』」を掘り下げることであり、「余人と共有（共感）できるそれでは断じてない」ものである。

選択肢の中で、「掘り下げていく」に対応しているのは、**エ**「突き詰めて解釈しようとした」しかない。「犯罪者の個別的な苦悩」も適切である。

ア「探偵小説に、残虐な動機や異常性格などの要素を取り入れ」、**イ**「一般論へと解釈し直し」、**ウ**「合理性の範疇に引き戻し」、**オ**「事件の謎を理詰めで解き明かそうとした」などが、『罪と罰』についての記述として不適切である。

問五

傍線部③は探偵小説についての記述である。直前の「換言すれば」から、「犯人の苦悩も狂気も、孤独も、昏迷も、すべてがわれわれ読者にとって理詰めで解釈されるものでなければならない」の言い換えであることがわかる。「不条理の壁」を「向こう側に乗り越えてはならない」のだから、**イ**「誰もが納得する常識の範囲で解明すべき」、「内面にまで踏み込んではならない」が適切。

ア「途中で読者の興味を失わせて」は根拠がない。**ウ**「個々の読者の問題だということ」では、「不条理の壁」の説明とはいえない。**エ**「彼の不条理な人間性を明らかにすれば十分であり」とあるが、「不条理」はそもそも明らかにできないものである。**オ**「探偵小説は逆に彼等の意表を突かねばならない」も、文中に根拠がない。

「探偵小説」と『罪と罰』の対立関係を意識する。

問六

傍線部④が反語表現であることに注意。余人には当事者の苦悩は理解できないということ。傍線部④直後に「それは、彼だけに訪れる個別の『罪』であり、余人と共有（共感）

できるそれでは断じてない」とあることから、**イ**「だれも当事者の精神を理解できない」、**ウ**「一般に人は当事者の錯綜した深い心理的な悩みまでは理解できず」の二つが適切。そこで、**イ**と**ウ**を比較検討すると、**イ**「人間は理性を失ってしまうため」が理由として本文に記述がないから、×。一方、余人（一般の人）は個別の深い苦しみを理解しようとしないのだから、**ウ**「平凡な常識の範囲で判断」は適切。

ア「人間は愚かしい存在である」、**エ**「当事者の個別な心理の方に興味を抱きがち」、**オ**「罰のことばかりを考えようとする」などが、本文に根拠がないので不適切。

本文から読みとれないことは、すべて、×。

問七

（　B　）直前の「または」に着目。「または」は選択の接続語。声楽家の心理を「罪一般」として考えれば、「婚約者の声楽家はそのとき気が変になっていた」「彼は、じつは彼女のことをそれほど深くは愛していなかった」と可能性を列挙しているのだから、否定的なものが入ることがわかる。選択肢の中で、否定的なものは**ア**しかない。

問八

傍線部⑤直前に「この世の『悪』は、もはや昔日の悪Malではなく法制度によってのみ裁かれる悪Fauteへと変じてしまった」とあるが、傍線部⑤はこうした世間の考えとは反対のもの。さらに傍線部⑤直後には「明らかに太宰は、ここでキリスト者としての『罪』の課題を意識している」とあることから、**イ**が答え。

問九

傍線部⑥の「彼自身の内なる原告」とは、69行目の「『内面』的な『罪』の意識」のこと。そこから、答えは**オ**。

太宰治の鎌倉の海での心中事件では津島家の権勢が法の裁きを無効にしたにもかかわらず、彼の罪の意識は深化し、やがてそれが「人間失格」での告白につながったことを指している。

ア「裁判制度が本当に機能したとはいえない」、**イ**「弁護というものは部外者によってなされるもので」、**ウ**「犯罪者を裁ける存在は唯一被害者のみであって」、**エ**「そもそも被告に完全な無罪というものはありえない」などが、×。

問十

81行目「かつて女を死に至らしめた男の『罪』は、神のみがその裁きを下せるものであったはずだ」を受けている。ここにはキリスト教的な「罪」の意識が窺われる。

傍線部⑦「僕達が人知れずした悪事」の説明としては、**ウ**「人はそもそも罪を犯して生きている存在」が適切。

ア「どんなささいな罪であれ誰かに被害は及んでおり」、**イ**「他人の目は逃れたとしても、被害者は現にいるのであり」「いつか加害者は罰せられるのだ」、**エ**「科学的な因果律によって罪の原因を異常なものとして安易に解釈せず」、**オ**「人は公正な神の啓示を見失ってしまう」などが本文に書かれていないので、×。

問十一

太宰治の作品は、**ア**の「ヴィヨンの妻」。ちなみに、他の作品の作者は、**イ**志賀直哉、**ウ**芥川龍之介、**エ**夏目漱石、**オ**谷崎潤一郎、である。

太宰治の鎌倉の海岸での心中事件を知らなければ、理解しづらい部分があったと思う。ただ、選択肢に紛らわしいものが少なかったので、しっかりと論理を追っていけば、正解を導くのはそう難しくはなかったはずである。

太宰治は青森県の大地主津島家の六男として生まれる。津島家は「金木の殿様」と呼ばれ、父は貴族院議員を務めた。昭和五年、田部シメ子と鎌倉の海岸で薬物を大量に摂取し、自殺を図る。シメ子だけが死に、太宰は生き残って、自殺幇助罪に問われるが、長兄などの働きかけで起訴猶予処分となる。

太宰の罪は法律では裁かれなかったが、彼の心の奥底で罪の意識が次第に深化していったのだ。

後にパビナール（一種の麻薬）中毒となり、精神病院に強制的に入院させられたのだが、これらのことが彼の代表作「人間失格」を生んだといえる。

太宰の「罪」はまさに彼固有の罪であって、「罪一般」で裁くことはできなかったのである。

苫野一徳『教育の力』より

問題▶P.38

解答

問一 Ⅰ ウ　Ⅱ エ　4点（2点×2）

問二 ウ　8点

問三 ウ　8点

問四 オ　8点

問五 ア　イ　ク　9点（3点×3）

問六 人々が互いの〈自由〉を承認し、十全に実質化するための〈教養＝力能〉を育むもの。　13点

4　苫野一徳『教育の力』より

目標

文章が長くなるほど多くの意味や情報が詰まっている。そのすべてを整理しないままに頭に入れていくと、頭の中が混沌（カオス）の状態になる。その結果、何となくわかった気になっても、頭の中が未整理なままであることには変わりがない。

選択肢があれば、ある程度、得点ができるかもしれない。記述式問題ならば文中の言葉を抜き出し、それらをつなげて誤魔化すことができるかもしれない。それだけに、自分がその文章を読めていないことの自覚ができにくい。だから、いくら問題練習を積み重ねても、正答できたり間違ったりの繰り返しとなる。

そういった読み方から、論理的な読み方への転換が何よりも必要とされる。長い文章は飾り（具体例やエピソードなど）が多いだけである。数行の要点をつかみ取り、それらを論理的に整理できれば、長い文章は証拠を多く挙げてくれている分だけ、かえって誤読の可能性が低くなるのだ。

- 長い文章の要点を読みとる。
- 私大型記述式問題の解法を習得する。

冒頭、この文章で論じたいことの到着点が明確に示されている。

「そもそも教育とは何か、そしてそれは、どうあれば『よい』といいうるのか。教育を具体的に構想・実践するための〝足場〟を明らかにしたいと思います」

そして、次にそこに至る方向性を明示している。

「そのためには、迂遠なようですが、まず人類の歴史を簡単に振り返ってみなければなりません」

そこで、「人類の歴史」→「(公)教育とは何か」「どうすればよいか」と、筆者の立てた筋道を素直に追っていけば、おのずと設問の答えが得られる。

●「普遍闘争状態」と「覇権の原理」

約一万年前「定住革命」「農業革命」が起こった。

狩猟採集生活から、定住・農耕・蓄財の生活へと徐々に移行していったのである。これは「進歩」のきっかけとなると同時に、長い戦争の歴史の始まりでもあった。これを「普遍闘争状態」と呼ぶ。

それに終止符を打ったのが、古代帝国の登場だった。「覇権の原理」がその戦争を終わ

4　苫野一徳『教育の力』より

らせたのだ。しかし、次々と新たな帝国が前の帝国を打ち倒し、「普遍闘争状態」と「覇権の原理」が繰り返されることになる。決して、「普遍闘争状態」が終わったわけではないのだ。こうした命の奪い合いを、どうすれば終結させることができるかが、人類の最大の課題の一つだった。

●近代ヨーロッパの原理

二百数十年前、その答えが近代ヨーロッパで見出されることになった。その原理は次のようなものである。

「なぜ人間は戦争をやめることができないのか？　それは、わたしたち人間が〈自由〉になりたいという欲望を持っているからだ！」

〈自由〉とは「生きたいように生きたい」欲望でもある。そのために、この〈自由〉を求めて、相互に争い続けるのである。

では、どうすればこの欲望のせめぎ合いを軽減し、戦いを終わらせ、一人ひとりがそれぞれの〈自由〉を達成できるのかと、筆者は問題提起する。

その結論として紹介したのが、ヘーゲルの哲学である。

「わたしたちが〈自由〉になりたいのであれば、『自分は自由だ、自由だ！』などと、ただナイーヴに自分の〈自由〉を主張するのではなく、あるいはそれを力ずくで人に認めさせようとするのでもなく、まずはいったん、お互いがお互いに、相手が〈自由〉な存在であることを認め合うほかにない！」

自分が〈自由〉になるためには、他者も〈自由〉を求めていることを認めなければならない。これを〈自由の相互承認〉の原理という。それによって初めて「自由をめぐる闘争」を終わらせることができるのである。問題はどのようにすればこの原理を共有し、そして、実質化していくことができるかだ。

●〈自由の相互承認〉の原理

ヘーゲルの考えを参考にして、筆者は〈自由〉とは何かを問いかける。

一般的なイメージの自由とは、やりたい放題、わがまま放題ができるということである。その結果、他者の〈自由〉を侵害することになり、相手の攻撃を招いたり争いになったりと、かえって自らの〈自由〉を失ってしまうことになる。

それゆえ、自分が〈自由〉に生きるためにこそ、他者の〈自由〉もまた承認する必要があることを徹底的に自覚する必要がある。〈自由の相互承認〉の原理を自覚した上で、自分が生きたいように生きられる、それが〈自由〉の本質である。

4　苫野一徳『教育の力』より

●公教育の意義

さらに筆者は問題提起をする。

「ではこの原理を、わたしたちはどうすれば、できるだけ現実のものとしていくことができるのでしょうか？」

まずは、「法」を設定することだが、それだけでは十分ではない。個々人が実際に〈自由〉になるための「力」を得ることが必要なのである。公教育の意義はここにある。

「つまり公教育は、すべての子ども（人）が〈自由〉な存在たりうるよう、そのために必要な〝力〟――わたしはこれを〈教養＝力能〉と呼んでいます――を育むことで、各人の〈自由〉を実質的に保障するものなのです。そして、そのことで同時に、社会における〈自由の相互承認〉の原理を、より十全に実質化するためにあるのです」

歴史的にはこの公教育の「本質」が目指されたことはあまりなかった。現に日本の公教育制度は富国強兵のために明治政府によって取り入れられたものであり、それは「国のため」という性格を持っていた。

しかし、それでも公教育は個々人が〈自由〉になるために、〈自由の相互承認〉の原理を実質化するために構想されたのだということを知っておくべきである。それが公教育とは何かという問いに対する答えなのだ。

問いかけ

（公）教育とは何か

・人類の歴史を振り返ると、「普遍闘争状態」と「覇権の原理」が繰り返されてきた。

・それを終わらせるために、哲学者たちが考えたのが、〈自由の相互承認〉の原理。

筆者の答え

〈自由の相互承認〉の原理を実質化させるため、〈教養＝力能〉を育むためのもの。

論理的解法

問一

Ⅰ　前後の文脈から判断する。「この問いに明確な指針が与えられなければ」どうなるのか。どうしていいのかわからなくなるので、**ウ**「右往左往」が答え。

4　苫野一徳『教育の力』より

ア　東奔西走…あちこち忙しく駆け回ること。
イ　粉骨砕身…力の限りを尽くすこと。
ウ　右往左往…うろたえて、あっちに行ったり、こっちに行ったりすること。
エ　意気消沈…元気がなくなってしまうこと。ひどくしょげること。
オ　自家撞着…自己矛盾。

Ⅱ

法を設定したところで、個々人が実際に〈自由〉になるための〝力〟を得ることができなければどうなるのか。法律は名目だけで、実質が伴わなくなるので、**エ**「有名無実」が答え。

ア　馬耳東風…人の意見や批評をまったく気にかけず、聞き流すこと。
イ　大同小異…大体同じで、細かい点だけが異なること。
ウ　巧言令色…言葉を上手く飾り、顔色をつくろうこと。
エ　有名無実…名ばかりがあって、それに実質が伴わないこと。
オ　大言壮語…実力以上に大きなことを言うこと。

！

四字熟語の挿入問題も空所前後を必ずチェックする。

問二

傍線部①にある指示語「この」の指示内容を読みとる。直前の『普遍闘争状態』と『覇権の原理』を繰り返し続けてきた」がその指示内容。

ウ　「約一万年前に始まった蓄財の奪い合いが戦争の時代を生み」が、「普遍闘争状態」、「大帝国の登場と交替」が「覇権の原理」に対応している。

ア　「『進歩』のきっかけをつくった最初の大革命」は、「定住革命」と「農業革命」。

イ　蓄財の奪い合いは「狩猟採集生活とともに始まった」のではない。

エ　「『定住革命』『農業革命』をもたらした」のは、大帝国の登場ではない。

オ　古代帝国の登場は「普遍闘争状態」にいったんは一定の終止符を打ったのだから、「さらなる闘争が繰り返されてきた」が間違い。

問三

例として不適切なものを選ぶことに注意。

ウ　「勝敗が決まればそれで戦いが終わるよう自然によってプログラムされた欲望」は、動物同士の争いのため、不適切。

4　苫野一徳『教育の力』より

問四

ヘーゲルの思想とは、〈自由の相互承認〉の原理のこと。

イ「自分の〈自由〉を人に力ずくで認めさせ」、**ウ**「永続する権力を打ち倒す必要がある」、**エ**「『自由をめぐる闘争』を通じて」などが、本文に根拠がないから、×。

アと**オ**が残るが、**ア**「〈自由〉とは〝やりたい放題〟〝わがまま放題〟であるというイメージをつきくずす必要がある」が適切とは言えないし、相手の〈自由〉をまず承認するというヘーゲルの考えを述べていないから、×。

〈自由の相互承認〉を説明しているのは、**オ**しかない。

本文に書いていないものは、×。

問五

適切なものを三つ選ぶのだが、不適切なものを消去していく。

ウ　21行目に「竹田の言葉をふたたび借りれば、『覇権の原理』が戦争を終わらせたのです」とあることから、「普遍闘争状態」「覇権の原理」ともに竹田の言葉である。

エ　奴隷の反乱の中から〈自由〉という概念が生まれたのではなく、〈自由〉を求めて奴隷が反乱を起こしたのである。

オ 65行目にあるように、集大成を示したのは、ヘーゲル。

カ 74行目に「実際わたしたちは、たとえばどんなに力を持った人であっても、何人かでチームを組んだり知略をめぐらせたりすれば打ち倒せるものです」とあるので、逆。

キ 法の設定は、「〈自由〉を自覚するための最初のステップ」ではなく、〈自由の相互承認〉の原理を現実のものとしていくための、最初のステップ。

答えは、**ア**、**イ**、**ク**。

問六

まず書くべきポイントを数えるのであるが、私大型記述式問題では、「文中の語句」に部分点を置いて採点されることがほとんどであるから、そのポイントの多くが「文中の語句」だと考えてよい。

冒頭「そもそも教育とは何か」と問題提起があり、その最終結論が120行目以下に示されているので、それらの要点をつかまえて、整理すればよい。

長い文章なので、論理構造を把握することにより、初めて該当箇所を素早く、正確に探し出すことができるのである。

4　苫野一徳『教育の力』より

〈自由の相互承認〉の原理を現実のものにするには「法」を設定することだけでは十分ではない。
↓
個々人が実際に〈自由〉になるための「力」を得ることが必要。
↓
公教育は、すべての子ども（人）が〈自由〉な存在たりうるよう、そのために必要な〈教養＝力能〉を育むことで、各人の〈自由〉を実質的に保障する。

ポイントとなる語句は、①〈自由の相互承認〉（互いの自由を承認する）、②実質化する（現実のものとする）、③〈教養＝力能〉を育む。これらの語句を一文にまとめる。

発展学習

言うまでもないことだが、大学は研究と教育の場であり、諸君はその大学に教育を受けに行くわけである。当然、大学側としては「何のために学ぶのか」といった問題意識を持った受験生を受け入れたいと願っている。そこで、「教育論」というテーマが多く出題されるのである。

偏差値重視の教育、ただ点を取ることだけを目的とした勉強をしてきた受験生は、一度教育の意味を考察することが必要だと思う。

教育論は現代文の問題文に限らず、小論文等の頻出テーマでもあるので、少なくとも大学を目指す諸君は自分なりの答えを多少なりとも用意しておくことが望ましい。

4 苫野一徳『教育の力』より

柄谷行人『倫理21』より

合格点 35点

問題▶P.52

解答

問一

i	ii	iii	iv
飢餓	不時着	空疎	想起

8点（2点×4）

問二

『野火』は人肉を食うか否かの問題になり、相対的他者の視点が欠如しているため空疎だが、『俘虜記』は事実の原因を徹底的に解明することで、世界宗教的な認識に達しているため、後者の方を高く評価している。

10点

5 柄谷行人『倫理21』より

問三

食料を直接生産しなくても生活できるように、社会と関係を持つことによって生きられること。

6点

問四

宗教が人間の罪深さを根源的にとらえ、五十歩百歩という相対的差異を無にするのに対し、倫理はその五十歩の差異こそ絶対と考え、それを事実として引き受けようとする。

10点

問五

1 ア
2 ア
3 イ
4 イ
5 ア

10点（2点×5）

問六

自由に選択したことの結果を、たとえ偶然であろうとも事実性として認め、引き受けなければならないから。

6点

※問二――『野火』：人肉を食うか否かという問題…2点／相対的他者の視点の欠如…2点／『俘虜記』：事実の原因を徹底的に解明…2点／世界宗教的な認識…2点／『俘虜記』の方を高く評価…2点

※問四――宗教は人間の罪深さを根源的にとらえる…2点／五十歩百歩という相対的差異を無にする…3点 倫理は五十歩の差異こそ絶対と考える…3点／事実として引き受ける…2点

※問六――自由に選択した結果…2点／偶然であろうとも…2点／事実性として引き受ける…2点

目標

本格的な、国公立型の記述式問題の登場である。

「記述式」というだけで苦手意識を持つ諸君が多いと思うが、実は紛らわしい選択肢がない分だけ、難解な「選択式問題」より確実に高得点が取りやすいのである。

選択肢があろうとなかろうと、現代文の問題は本文の内容を理解したかどうかを設問で

5 柄谷行人『倫理21』より

試すものであるから、その解き方は「記述式」であっても「選択式」であっても、何ら変わりはない。ただ選択肢がない場合は、本文の内容をより確実に、かつ、頭の中で整理できるレベルで理解しなくてはいけない。

!

「記述式問題」の解法の手順

①何を問われているのかを把握し、条件などをチェックする。
②問われていることに合わせて解答の文末を確定する。
③要点となる言葉が使えるときは、なるべく利用するようにする。
④設問に対して、筋道を立てて答える。
⑤ポイントとなる文中の語句を整理して、筋の通った文章でまとめる。
⑥最後に、条件に合わせて字数調整をする。

論理的読解

●先を予想する

まず冒頭の文章に注意。

「一般に、宗教は、何か倫理以上の奥深いものとして表象されます」

ここから、二つの筆者の考えが読みとれる。

・宗教と倫理が対比される。

・「一般に」とあるので、一般には宗教の方が奥深いとされているが、筆者は倫理の方が奥深いと考えている。

以下、これらを論証していくわけである。

筆者は、大岡昇平の『俘虜記』と『野火』を例として挙げている。『俘虜記』は、小林秀雄が「魂のことを書け」と言ったのに、大岡は「事実について書く」と答えたのだから、次の対立関係が予想される。

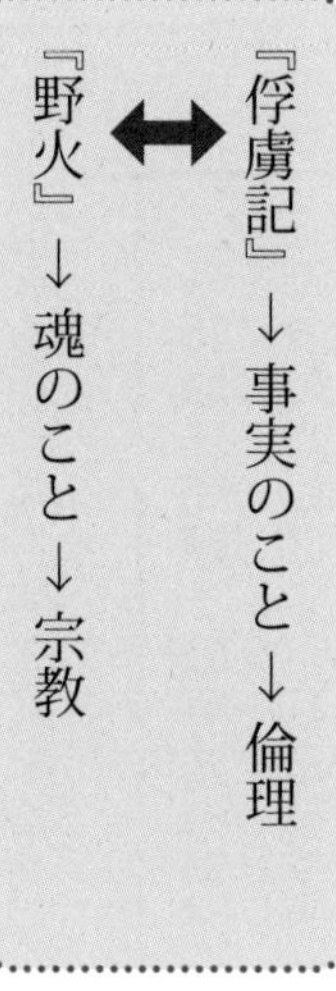

『俘虜記』↓事実のこと↓倫理
『野火』↓魂のこと↓宗教

以下、『俘虜記』（倫理）の方が、『野火』（宗教）よりも奥深いことを論証していかなけ

5　柄谷行人『倫理21』より

ればならないので、そのことについて述べられると予測がつく。

このように筆者の立てた筋道（論理）を追うことは、おのずと先を予想することになる。

●『俘虜記』と『野火』

『俘虜記』のエピグラフに、親鸞の『歎異抄』が引用されているが、引用文自体は理解できなくても、次に「要するに」とまとめているので、そこを押さえる。「人が殺さないのは、自由意志によってではない」と。そこで、「私」は近づいてきた米兵をなぜ撃たなかったのか、それを自問していくのだが、「親鸞の言葉は、宗教的な信仰へではなく、徹底的な『原因』の解明に向かわせて」いるのである。まさに『俘虜記』は事実のことを書いたのである。

それに対して、『野火』では、小林秀雄が言った「魂のこと」を書いたのである。そして、筆者は『野火』を『俘虜記』と比べて、数段落ちると断定する。

まず『野火』では、人肉を食うか否かという問題が戦争の極限状況となっている。しかし、人肉食は殺人より残酷であるとか、窮極的な悪であるとは筆者はとらえていない。ところが、『野火』において、「神」は主人公に食うことを許さないのである。

もう一つ、主人公が敗兵として一人フィリピンの山野をさまよううちに「野火」が見えてくるのだが、それを「神」によって送られた徴だと解釈する。まさに「魂のこと」を書いたのであって、それゆえ、宗教的認識となっている。しかし、筆者に言わせると、野火はたんにフィリピンの島民が燃やしたものだというのである。『野火』には相対的な他者（アジアの人間）が抜けていたために、宗教的で深遠に見えて、空疎なものになっている。それに対して、『俘虜記』にはむしろ世界宗教的な認識がある。

●宗教と倫理との比較

では、なぜ宗教が倫理と比べて、奥深いとは言えないのか。

世界宗教は人間の根源的な罪をいう。たとえば、キリスト教の原罪を想起してみると、理解しやすいかもしれない。53行目に、イエスが「心のうちに姦淫する者は、すでに姦淫する者なり」とか、「汝らのうち、罪なき者、石もて撃て」とか言ったのは、まさにそのことである。そこでは直接手を下したかどうかは問われず、宗教においては、「人間の罪深さ」ということによって、すべての人間を許すということになってしまう。その時、同時に倫理もなくなってしまうのである。この宗教的認識は戦後、誰が人の責任を問えるのか、つまり、誰にも責任がないというような論理として使われてきた。

次に筆者は坂口安吾の小説を引用する。その中で、なんでも五十歩百歩で、五十歩と百歩にはたいへんな違いがあると述べている。安吾自身は戦争責任について直接論じることはなかったが「堕落論」で「もっと堕ちよ」と言ったのは、すべてが等価で赦されると言ったのではない。五十歩の差はじつは「絶対」なのである。そこから、「モラル（倫理）」が始まるのだ。

人間は人生の節目節目で、自分の意志により自由に選択しなければならず、それが偶然であろうとも、現実にやってしまったことに対して、それを事実として引き受けなければならない。そこに「責任」が生じてくる。

論理的解法

問二

「百字以内」という本格的な記述式問題である。必ず書くべきポイントを数え上げ、頭の中で整理した上で、解答を作成すること。

まず、何を問われているかを明確にする。

①『俘虜記』と『野火』のどちらを小説として高く評価しているか。

②それぞれの作品についての評価とその理由。

以上を、文中から該当箇所を探し出して、整理していけばいい。

①『俘虜記』の方を高く評価している。

②『俘虜記』に関しては、

・23行目「この作品では、親鸞の言葉は、宗教的な信仰へではなく、徹底的な『原因』の解明に向かわせています」

・49行目「宗教に対して冷淡な『俘虜記』のほうに、むしろ世界宗教的な認識があります」

この二点をまとめるとよい。

『野火』に関しては、34行目「まず」と42行目「もう一つの問題は」とあることから、次の二点をまとめる。

・35行目「人肉を食うか否かという問題になっています」

・47行目「相対的な他者、すなわち、日本やアメリカが支配していたアジアの人間が抜けていた。そのため、この作品は宗教的で深遠に見えて、実は、空疎なものになるほかなかった」

5 柄谷行人『倫理21』より

問三

適切な例を挙げたかどうかと、「媒介的に、あらゆる人々と関係」を説明できたかどうかがポイントとなる。

直後に「たとえば」と例示されている。牛を直接殺すことはなくても、ビフテキを食べているといった例を参考にすればいい。

「媒介的に、あらゆる人々と関係」するとは、人は一人では生きてはいけず、大勢の人々の協力関係や社会との関わりを持つことで暮らしていけるということである。

問四

宗教と倫理の違いについて説明するのだが、「『五十歩百歩』を用いて」という条件が大切。「五十歩百歩」とはもともと大した差がないという意味。ところが、筆者はこの五十歩の差こそ絶対だと述べている。宗教は人間の罪深さを根源的にとらえるので、すべてが許され、そこでは五十歩の差などなくなってしまう。

それに対して、倫理は五十歩と百歩には少なくとも五十歩の差異があるとし、それを事実性として引き受けようとする。

問五

空所前後の文脈から、「絶対」か「相対」かの判断をする。基本的な問題である。

1　宗教の話だから、「絶対」。

2　直後「すべてが～（五十歩百歩）である」とあることから、「『絶対』というものはない」となる。

3　直前で「『絶対』というものはない」と「絶対」を否定しているので、「相対」。

4　直前の「五十歩百歩」から、「相対」。

5　安吾は「五十歩百歩」を相対的なものとしてとらえているから、その反対の「絶対」。

問六

まず「そこ」の指示内容を押さえる。「現実にやってしまったこと」がその指示内容であるが、では、なぜ「責任」が生じるのかといえば、傍線部②直前に「いいかえれば」とあるから、傍線部②直前の内容を押さえればよいとわかる。

97行目「各人は選択しなければならず、それが偶然であろうと、事実性として引き受けなければならない」が、その理由。

自分が選択したことに、たとえそれが偶然であっても、それを事実性として引き受ける

5　柄谷行人『倫理21』より

ところに責任が生じ、そこにモラル（倫理）が成り立つと、筆者は主張している。『俘虜記』の主人公は偶然米兵を撃たなかったのだが、そのことを自分のものとして引き受けるところにモラルが成立するのである。

発展学習

内容が哲学的で、抽象的であること、しかも話題が宗教と倫理といった受験生にはあまりなじみのないものであったこと、その上、本格的な記述問題であったことなど、少々面食らったかもしれない。

だが、こうした難問ほど、諸君の論理力を鍛えてくれるものなのだ。

抽象的な文章も、記述式問題も、諸君が日常でそれほど経験するものではないだろう。だからこそ、問題集に掲載されている文章をたくさん読んで解き、慣れることが大切で、慣れてしまえばたいしたことはない。

また字数条件の多い記述式問題も、ある程度書き慣れていかないと、制限時間内に解答を作成することが困難である。やはりここも問題数をこなすことが要求されているのだ。

●長文の要点を把握する

寺田寅彦『化け物の進化』

合格点 35点

問題▶P.62

解答

問一 i 活躍　ii 臆病　v 茶飯　3点（1点×3）

問二 iii すそ　iv こすい　vi はいが　3点（1点×3）

問三 A エ　B イ　C ウ　D ア　8点（2点×4）

問四 われわれの五官　6点

問五 X 科学　Y 宗教　4点（2点×2）

問六 被教育者の中に科学への興味を育てること。　8点

6 寺田寅彦『化け物の進化』

問七　不可思議なことを科学で説明できると考えている人々。　8点

（別解）今の科学で何事もわかるはずだと考えるような人々。

問八　ア　2点

問九　イ　オ　8点（4点×2）

目標

今回もかなりの長文である。ただし、自分の主張をよりわかってもらおうと、筆者は多くの具体例やエピソードを紹介しているだけだから、数行の要点さえ読みとってしまえば、頭の中をすっきりと整理することが可能である。

そうした論理を意識しないと、長文であればあるほど、多くの情報が頭の中であふれかえり、カオス（混沌）の状態となる。

また、目標タイムを意識すること。そのためには速く、しかも正確に読む訓練が必要となる。

まずは、要点だと思う箇所には線を引きながら読むこと。そのことによって、要点と飾りを見分ける意識が芽生えてくる。要点となる主張には必ず論証責任が伴う。証拠となる具体例や、エピソードなどを挙げるのである。こうした主張に対する飾りの部分はさっと目を通し、要点となる主張に出会えば立ち止まり、線を引く。普段からこのような一貫した読み方をしていかなければ、試験本番では時間内に解くことが困難になってくる。

- 要点となる箇所に線を引きながら読む。
- 主張と具体例、エピソードなどを見分ける。
- 具体例やエピソードなどの飾りの部分は速く読む。

論理的読解

一見、「化け物」について述べているように見えて、実は科学教育についての論評である。

6 寺田寅彦『化け物の進化』

●主張から始まる文

評論は、冒頭に主張が示されることが多い。

「化け物もやはり人間と自然の接触から生まれた正嫡子であって、その出入する世界は一面には宗教の世界であり、また一面には科学の世界である。同時にまた芸術の世界ででもある」

以下、このことを論証するのであるが、化け物が人間と自然の接触から生まれたこと、その出入りする世界が一方では宗教であり、また一方では科学であることを念頭に置いておこう。芸術に関しては、以下の文では軽くしか触れていない。

このように主張（抽象）から始まる文は、次に具体例やエピソードなど（具体）がくることを意識する。

●宗教と自然科学との共通点

「昔の人は多くの自然界の不可解な現象を化け物の所業として説明した。やはり一種の作業仮説である」

たとえば、なぜ雷が落ちるのかといえば、昔の人は虎の皮の褌を着けた鬼（化け物）の悪ふざけと説明された。化け物の仕業という仮説を設けることによって、自然界の不可解な現象を理解したのである。それを今日では「空中電気」と名前を変えただけなのだ。
「自然界の不思議さは原始人類にとっても、二十世紀の科学者にとっても同じくらいに不思議である。その不思議を昔われらの先祖が化け物へ帰納したのを、今の科学者は分子原子電子へ持って行くだけの事である」

化け物が実存でないとすれば、電子や原子も実在ではない。原子電子の存在を仮定することによって、物理界の現象を説明できるのであれば、化け物の存在を仮定することによって自然現象を説明できるともいえるのではないか。

「雷電の怪物が分解して一半は（　X　）のほうへ入り一半は（　Y　）のほうへ走って行った。すべての怪異も同様である。前者は集積し凝縮し電子となりプロトーンとなり、後者は一つにかたまり合って全能の神様になり天地の大道となった。そうして両者ともに人間の創作であり芸術である。流派がちがうだけである」

ここまでが、冒頭の主張の論証である。

●化け物がいなくなった現在

「不幸にして科学が進歩するとともに科学というものの真価が誤解され、買いかぶられた結果として、化け物に対する世人の興味が不正当に希薄になった」

6 寺田寅彦『化け物の進化』

今や、化け物は滑稽味あるいは怪奇味だけになり、鋭い神秘の感じはなくなったとして、「ゾッとする」とは、どんな事か知りたいというばか者が化け物屋敷へ探検に出かける西洋のおとぎ話を紹介している。

さらに43行目からは、化け物が生き残っていた筆者の少年時代の話で、現在と対立関係にある。このエピソードが長い（64行目まで）が、そこは軽く流し読みをするべきである。ここで時間をとられてしまうと、設問を解く時間が少なくなる。

これらをまとめた（抽象化した）のが、65行目「このような化け物教育」以下の文章で、筆者は「少年時代のわれわれの科学知識に対する興味を阻害しなかったのみならず、かえってむしろますますそれを鼓舞したようにも思われる」と主張する。

●現在の科学教育

筆者は次に現在の科学教育について言及する。

「不幸にして科学の中等教科書は往々にしてそれ自身の本来の目的を裏切って被教育者の中に芽ばえつつある科学者の胚芽を殺す場合がありはしないかと思われる」

自然界の不可解な現象を簡単に説明して、生徒が何の疑問も持たないように安心させてしまうのである。通俗科学なども同じである。

「こういう皮相的科学教育が普及した結果として、あらゆる化け物どもは箱根はもちろん日本の国境から追放された」

科学の目的はこの世界がいかに多くの化け物（不可思議）によって満たされているかを教えることにあるにもかかわらずだ。

最後に、筆者は「古人の書き残した多くの化け物の記録は、昔の人に不思議と思われた事実の記録と見る事ができる。今日の意味での科学的事実では到底有り得ない事はもちろんであるが、しかしそれらの記録の中から今日の科学的事実を掘り出しうる見込みのある事はたしかである」と結んでいる。

論理的解法

問四

難問。設問自体が難しいわけではない。「原子や電子」は仮説(目に見えない存在)であって、それに対して、「天秤や試験管」は石器土器と同じように物質的実在（目に見える存在）である。しかし、長文の中でたった一か所の該当箇所を探すことは骨が折れるし、ときには運が必要となってくる。

実在のもので、十八字のものを探すと、59行目にようやく「われわれの五官に触れうべき物理的実在」がある。その最初の七字は「われわれの五官」。

時間のかかる可能性のある設問は、ときには後回しにする。

問五

冒頭、化け物が「出入する世界は一面には宗教の世界であり、また一面には科学の世界である」とあることから、空所には「宗教」と「科学」が入ることがわかるが、どちらが（　X　）なのか、順番を間違えないように、慎重に解くこと。

空所直後に「前者は集積し凝縮し電子となりプロトーンとなり、後者は一つにかたまり合って全能の神様になり天地の大道となった」とあることから（　X　）には科学、（　Y　）には宗教が入る。

問六

まず「それ」の指示内容を押さえる。「それ」は直前の「科学の中等教科書」を指すので、その目的を答えればいいだけである。

傍線部②直後に「被教育者の中に芽ばえつつある科学者の胚芽を殺す場合がありはしないか」とあることから、その本来の目的は被教育者の中に芽生えつつある科学者の萌芽を育てること。これらを二十字以内で言い換えればよい。

問七

傍線部③「科学ファン」とは、この文脈では「通俗科学」を信奉する人たちのこと。「ほんとうの科学者を培養する」ものではない、現在の皮相的科学教育を受け入れている人である。

化け物に対する興味を抱かなくなり、通俗科学を信じているから、科学で何でも解明できると信じている人たちのことである。そのような内容が書けていれば、○。

文脈とはその前後関係のことである。

6　寺田寅彦『化け物の進化』

問八　基本的な問題である。（　Z　）直前に「科学の目的は実に化け物を」とある。化け物こそが科学の発展に寄与してきたのだから、選択肢の中で肯定的な意味の**ア**「捜し出す」が答え。**カ**「繁殖させる」は、化け物に対して、不適切。

問九

ア　85行目「一世紀以前の科学者に事実であった事がらが今では事実でなくなった例はいくらもある」とあることから、×。

イ　冒頭付近に提示された、筆者の主張なので、○。

ウ　あくまで「化け物」は仮説であって、実際に存在するわけではない。**ウ**では化け物を実存するものとして「生き残った化け物を大切にしなければならない」としているから、×。

エ　原子、電子、分子は仮説であって、「妄想」ではないから、×。

オ　後半の趣旨なので、○。

カ　現実に化け物が元気に暮らしていたわけではないから、×。

発展学習

一見、対極にあると思われる科学と宗教が、実は自然界の不可思議を説明するのに、仮説（化け物）を設定している点では同じだとする。非常にわかりやすい具体例を豊富に用い、論理的に説明した文章であるが、具体例の読解などに時間を費やすと、要点を見落としがちになるから注意。

寺田寅彦は、大学入試頻出の著者である。明治の終わりから昭和初期頃に活躍した人物で、夏目漱石門下の物理学者である。そのため、科学と文学に関する著作が多数ある。

俳句雑誌「渋柿」に載せた短文を集めた、随筆集「柿の種」はお勧め。ぜひ、一読してみてほしい。

6　寺田寅彦『化け物の進化』

大岡 信『紀貫之』より

合格点 35点

問題▶ P.74

解答

問一 ア 5点
問二 ア 5点
問三 ア 5点
問四 オ 5点
問五 イ 5点
問六 エ 5点
問七 イ 5点
問八 エ 5点
問九 われ 5点
問十 自 他 5点

7　大岡 信『紀貫之』より

目標

今回は現古融合問題であるが、現代文の中に古文だけでなく、漢文まで挿入され、しかも、話題は受験生が苦手な和歌といった具合に、諸君の中の多くは二重、三重に難しく感じたかもしれない。

しかし、融合問題は決して難しくない。なぜなら、本文中の古文、漢文は引用文にすぎないからだ。そこで、本文の該当箇所を重ねるように、古文、漢文を解釈していけばよい。和歌もまた引用なので、自分勝手に解釈するのではなく、筆者がその和歌をどのように解釈したかを読みとっていく。すべては本文に書いてあるのである。

融合問題こそ、「イコールの関係」を利用して、論理的に解いていこう。

・現古融合問題の解き方を理解する。
・引用としての和歌の解釈の仕方を理解する。

●三首の和歌の引用

冒頭、引用から入っている文章である。「土左日記」の文章であるが、古文に自信があれば、さっと目を通すのもいいかもしれない。しかし、基本的には現代文の説明箇所を探し出し、それを下敷きに古文を解釈すべきである。

古文中に、三首の和歌が取り上げられている。

・「昔の男」の「棹は穿つ波の上の月を、船はおそふ海のうちの空を」
・「ある人」の「水底の月の上より漕ぐ舟の棹にさはるは桂なるらし」
・「ある人」の「影見れば波の底なるひさかたの空漕ぎわたるわれぞわびしき」

そして、「この部分は土左日記を通じての最も美しい描写の一つであると私は思うが、その理由の一斑は、『ある人』、つまり貫之自身の作ったこの二首の歌、とりわけ後者のうちにあるといえる」とあることから、「ある人」とは「土左日記」の作者紀貫之、そして、その二首のうちの後者「影見れば〜」の歌が最も美しいというわけである。

つまり、筆者の主張は「影見れば波の底なるひさかたの空漕ぎわたるわれぞわびしき」が美しいというものである。以下、筆者には「影見れば」の和歌の美しさを論証する責任が生じたのだ。

7 大岡 信『紀貫之』より

●『漁隠叢話』のエピソード

「高麗使過海有詩、云水島浮還没、山雲断復連。時賈島詐為梢人、連下句云、棹穿波底月、船圧水中天。麗使嘉歎久之、自此不復言詩」

次に、漢文が登場するが、この後に筆者が解説をしているので、それを手がかりにすれば、大体の内容は推測できるはずである。設問に直接関係していないので、その程度の理解で十分である。

まずこの漢文の内容が唐の詩人賈島の才能を物語るエピソードであることを念頭に置こう。

「高麗使過海有詩」は、高麗の使者が船で海を渡っている時に詩を詠んだということ。おそらくこの使者は自分が詩を読めることをひけらかしたかったのであろう。ところが、この船には詩人の賈島が乗っていたのである。相手が悪かった。その使者が作った詩が「水島浮還没、山雲断復連」。

注釈のない白文を読む時は、述語に着目。漢文では英語と同じで、述語は主に主語の後、文の前の方にくるが、日本語では述語は文末にあるので、語順が日本語と違うことに気をつけよう。

水の中の島が浮かんではまた沈み、山の上の雲が切れてはまた連なる、といった意味で、目の前の情景をそのまま歌った、平凡な詩だったが、本人は得意満面だったのだろう。

「時賈島詐為梢人、連下句云」は、その時賈島が船頭のふりをして、次のような下の句を、連ねて作ったといった意味。

「棹穿波底月、船圧水中天」

ここでも述語に着目しよう。棹は波の底に映った月を突き刺して、船は空の中の水を圧して進む、といったところだろうか。ここでは「水に映る月」といったイメージが使われている。

「高麗の使節の水島浮還没云々の稚拙さと、これに賈島がつけた下句の鋭く粒立ったイメジの壮麗さとは、なるほど鮮やかに対照的であって」とあることから、使者の作った上の句が稚拙で、下の句が素晴らしいとわかる。その結果、「麗使嘉歎久之、自此不復言詩」とあり、高麗の使者は賈島の句を賞賛した後、これ以後もう二度と詩を作ることはなかったのだ。

漢文を正確に解釈できなくても、『漁隠叢話』が唐の詩人賈島の詩才の素晴らしさを物語るエピソードだと理解できれば、何とかなる。そして、紀貫之はすでにこのエピソードを読んでいたのである。

●中国対日本の歌人対決

「元来中国の詩文の技巧に並々ならぬ関心と造詣をもっていたと考えられる貫之が、このエピソードを好んでいたであろうことは充分考えられる。古今一千首のうち十分の一は自作で占めさせ得たほどの、（　B　）ともに許す専門歌人としての自負からしても、また古今撰進後に彼が長い歳月にわたって保ちつづけた当代第一等の歌人としての名声からしても、賈島のあざやかな手腕に対して、ある種の憧れと対抗意識を彼が抱いていたとしても不思議ではあるまい」

紀貫之という人は、ある意味で凄い歌人である。「古今集」を編集したのだが、普通ならば、自分の歌は遠慮して、それほど選ばないものだ。ところが、紀貫之はなんと歌集の中の十分の一も自分の歌を選んだのだ。それほど自分の歌に自信があったに違いない。しかも、誰からも文句が出なかったということは、まさに自他共に許すすぐれた歌人だったのだろう。そんな貫之が『漁隠叢話』を読んだとすれば、中国第一の詩人賈島に対抗意識を燃やしたとしても不思議ではなかったのである。

「土左日記のこの一節は、そういう貫之が、慎重な配慮のもとに用意し、舌なめずりをしながら書きしるした一節であるように思われる。短い叙景ながら文章が冴えていることがそう私に感じさせる一因である」

紀貫之としては、自分の方が賈島よりも才能があることを見せつけなければならない。そこで、用意周到、持ち出したのが「影見れば」の歌なのである。そのため、さりげなく、賈島の漢詩を持ち出さなければならない。さあ、私の歌と比べてみろというわけである。

「昔の男は、『棹は穿つ波の上の月を、船はおそふ海のうちの空を』とはいひけむ」

もちろん「昔の男」は、唐の詩人賈島のことである。

●「土左日記」の虚構性

「もちろん、そう見るからには、私は土左日記を必ずしも出来事に忠実な旅の日記とは考えていないのであって、貫之ほどの手だれなら、日記の随所にフィクションを混ぜ合わせ、ストーリーを構想するくらいは当然やっていただろうと思うのである。今引用した日記中の『聞きざれに聞けるなり』という挿入句にしても、もともと女の筆に仮托した文章として書きはじめられたこの日記の性格からして、（　C　）という常識をちゃんと重んじた結果しるされたものであって、そのあたり、貫之は心得て書き進めているのである」

筆者は「土左日記」を単なる旅の日記とは考えていない。日記は自分のために実際起こったことを書くことが一般的だが、「土左日記」は明らかに人に読まれることを想定して書かれた日記である。そのため随所に巧みにフィクションを織り交ぜている。

7 大岡 信『紀貫之』より

●「影見れば」の歌の素晴らしさ

「後者の歌（「影見れば」の歌）は、貫之全作品中の秀逸の一つということができる。私はこの歌によって、貫之の歌の面白さに初めてふれた思いがしたのだった」

では、なぜ秀逸だったのか。

①ある「わびしさ」の息づく空間の広がり。

②「ひさかたの」という枕詞が、時間的・区間的な広がりを暗示。

③「やまとうた」の特性を発揮。

④「われ」という言葉が好ましい直接性、実感性を賦与。

と、筆者は「影見れば」の素晴らしさを列挙するのである。

鑑賞

真っ黒で、どこまでも広がる空と海。空には満月が浮かび、海にもくっきりと満月が映っている。無限の空と海との間で、小さな「われ」が船を漕いでいる。そういったひさかた（無限）というべき情景の中にぽつんと「われ」を置くことで、文末の「わびしき」がいっそう深く感じられる。

論理的解法

問一

「むべ」は「なるほど」の意味。副詞なので、用言である「いひけむ」にかかる。なるほど昔の男はこのような状況を「棹は穿つ波の上の月を、船はおそふ海のうちの空を」と、上手く歌ったものだということ。

ウ「非難」、**エ**「無念」、**オ**「羨望」が間違い。**イ**「賞賛をこめた肯定」を選んでしまったかもしれないが、貫之は自分の方が上手いと思っているので、**ア**「保留つきの納得」の方が適切。

問二

27行目「『聞きざれに聞けるなり』」という挿入句にしても、もともと女の筆に仮托した文章として書きはじめられた」が根拠。女の筆に仮託して書いたのだから、漢詩を知っているはずがない。そこで、聞くとはなしに聞いた、あるいは、小耳に挟むくらいの意味。自分が直接漢詩を読んだわけではないので、**ア**「人づてに聞いた」が答え。

7　大岡 信『紀貫之』より

問三　指示語の問題。高麗の使者が褒めたのは何かというと、賈島が作った「詩」なので、**ア**が答え。

指示語の問題の解き方は、漢文や古文でも現代文と同じく、指示内容をとらえる。

問四　紀貫之の意図を文中から読みとる。直前の「賈島のあざやかな手腕に対して、ある種の憧れと対抗意識を彼が抱いていた」が根拠。さらに「舌なめずりをしながら」から、自分の歌の方が優れていると、自信満々な様子がうかがえるので、**オ**が答え。

問五　これも指示語の問題。指示語は直前から検討。「貫之が、慎重な配慮のもとに用意し、舌なめずりをしながら書きしるした」が、その指示内容。用意周到、自信を持って書きしるしたのだから、**イ**「自信をもって書き始めた」が答え。

指示語は直前から順次検討。直前に指示内容がないときに限って、指示語の後を検討する。

問六

（　A　）直前の「対照的」であるのは、高麗の使者の作った上の句と、賈島の作った下の句のことだから、**エ**「素人と玄人の技」が答え。

問七

（　C　）直前の「もともと女の筆に仮託した文章として書きはじめられたこの日記の性格からして」から、**イ**「漢詩のことなど知らないふりをするのが女のたしなみ」が答え。

問八

「ひさかたの」という枕詞から「やまとうた」の特性を考える。

ア　漢語に比べて「ひさかたの」といった言葉は柔らかいので、「強固な形式性」が×。

イ「直接性、実感性を賦与」しているのは「われ」という語で、「ひさかたの」ではないから、×。

ウ「理屈っぽさを消す」とは書いていないから、×。

残った**エ**が答え。

問九

「ここで用いられて」とあるので「影見れば〜」の歌の中の言葉が入ることがわかる。

（ D ）直後の「直接性、実感性」から、「われ」が答え。

問十

「自他ともに許す」という慣用表現。

発展学習

和歌を自分で解釈しようと思うから、難しく思うのだ。ほとんどの場合、歌や詩は引用として扱われているのだから、自分がどう解釈するのかではなく、筆者がその歌や詩をどう解釈・評価しているのかを読みとればよい。

さらに古文・漢文の読解力が特になくても、現代文さえ理解できれば、大抵の設問は解ける。確かに古文・漢文の基本的知識を問う設問も一部では出題されるが、単独の古文・漢文に比べて、遥かに簡単なものが多い。

現代文の説明箇所を下敷きに、古文や漢文を解釈するといった練習を積み重ねてほしい。

私見であるが、引用された「土左日記」の箇所は初めに歌があり、次にその歌がどのような情景の下に鑑賞されれば最も映えるかと、そこから書き記した日記に思えてならない。「十七日、くもれる雲なくなりて、あかつき月夜いともおもしろければ、舟を出だして漕ぎゆく。このあひだに、雲の上も海の底も、おなじごとくになむありける。」

十七日の明け方、雲一つなく、満月の月夜が、趣があるので船を出してこいでみたとあるが、「土左日記」は12月21日、国司の任期を終え、高知県（土佐）から出発し、2月16日に都に着くまでの船旅の日記である。とすれば、17日は一月のことになる。

真冬で、しかも夜明け前、国司の地位にある貫之が、月が美しいからといって、船をこぎ出すわけがない。

ようは、「影見れば」の歌を鑑賞するためには、「雲の上も海の底も、おなじごとくになむありける」という情景が必要だったのである。真っ暗な空に満月、そして、真っ黒な海の上にもくっきりと満月が映っている、まさに空と海が同じような光景である。

● 随想文問題の解法①

『読書について』

江藤 淳

解答

問一

i	ii	iii	iv	v
輪郭	丹念	厳密	匹敵	飽

10点（2点×5）

問二 自己表現（自己表出）

4点

問三

B	C	D
ウ	エ	ア

6点（2点×3）

問四 母の不在から生じる悲しみや憧れや怒りなどの感情を、文字の代わりに積木の軍艦や要塞をつくることによって表現していたということ。

10点

合格点 35点

問題▶ P.84

8 江藤 淳『読書について』

問五

母親と幼児の間では、言葉を使わなくても自分の気持ちが通じるということ。

8点

問六

母の死により欠落を自覚し、言葉でその欠落を埋め、そこから生じる悲しみや憧れや怒りを他人の表現したもののなかに探し求めるために読書をはじめた。

12点

※問四――母の不在から生じる悲しみや憧れや怒り…3点／積木の軍艦や要塞をつくる…3点／表現していた（レトリックを一般的な言い方に直す）…4点

※問六――欠落を自覚…3点／言葉で…2点／欠落を埋める…3点／悲しみや憧れや怒り…2点／他人の表現したもののなかに探し求める…2点

目標

随想文の問題である。随想文は随筆、エッセイということもある。筆者が自分の思いを綴った文章を指す。

一般人が日々を綴った文章が本になり、多くの人に読まれることはほとんどない。したがって、筆者の多くは学者や著名人だと考えてよい。当然、文学的表現が多用されることも多い。

文体も、学者や評論家が書く硬い文章ではなく、読みやすいものが多い。ところが、これが落とし穴となる場合もある。随想文も不特定多数の読者に向けて書いたものである以上、論理を駆使して書かれている。だが、文章が読みやすいことや、あるいは文学的な表現が多いため、背後にある論理を読み落としてしまいがちになるのだ。

そこで、随想文も評論と同じように、背後に隠れた論理をしっかりと読みとっていくことが必要となる。そうすることで、設問に対して論理的に答えることが可能になるのである。

- 随想文問題の解法を理解する。
- 背後に隠れた論理をしっかり読みとる。

8 江藤 淳『読書について』

論理的読解

●問題提起から始まる文章

「いったい人は、どういうきっかけで本を読み出すようになるのだろう」冒頭の一文は問題提起である。筆者が自分で質問し、自分で答えるといった自問自答形式だ。そこで、筆者自身の答えを探して読んでいかなければならない。

筆者の問題提起は「人が本を読むきっかけ」であり、一般的な話である。ところが、次に筆者は「私の場合」と自分の個人的な体験を持ちだしている。

具体から始まった文章は、どこかで一般化されるので、それを意識して読んでいくのが鉄則である。

実際、39行目で「人はだれでも、男女の別なく」と、一般化している。そこまでは筆者の個人的なエピソードである。

●個人的体験

筆者の江藤淳は戦後を代表する評論家である。そんな彼がどのようなきっかけで本を読むようになったのか、それを整理していこう。

「私の場合、それ（本を読み出すこと）はふつうよりは、かなり早くはじまったように思われる。そして、私が他人より早く本を読みはじめたとすれば、そのことはおそらく私が早く母を亡くしたということと、かなり深い関係がありそうである」

私が四つ半のとき、母が結核で亡くなった。当時、結核は不治の病といわれ、しかも伝染病なので、病室に入ることは禁じられていた。まだ四つ半の私にとって、母と一緒に暮らせないことはどれほどさびしいことだったか、筆者の人生に暗い影を落としたことは想像に難くない。

そんな母との思い出は、積木で文字を教えてもらったことだった。私はあと数ヶ月ののちに死をひかえた母から、片仮名と平仮名を教えてもらったのである。

そして、母が死んでから、ひとりっ子だった私は積木で遊びはじめる。

「正確にいえば、自分の眼に〝軍艦〟とか〝要塞〟だと思われるもののかたちを、丹念に積み上げて行くのである。だが、この作業が、ほとんど芸術作品をつくり上げるのと同じような、厳密で微妙な作業のように思われたのは、なぜだったろうか？　そして、それを完成したときのよろこびが、ほとんど作品を思い通りに仕上げたときの満足感に匹敵するようだったのは、どういうわけだろうか？」

ここでも再び問題提起がなされる。そこで、その答えを探して読んでいくことになる。問題提起された場合、直後に筆者の答えがくることが多いのだが、その箇所が（　Ａ　）となっているのである。

そこで、読み進めていくと「一生懸命自分を表現しようとしていた」とあり、これが筆者の答えである。

●欠落の自覚

「〝軍艦〟も〝要塞〟も、だから実は〝軍艦〟でも〝要塞〟でもなかった。それは私そのものであった。あるいは私の悲しみや憧れ、または怒りそのものであった。一瞥してそれを理解してくれるはずの母はすでに亡かったし、母が生きていれば、私は、その不在から生じた悲しみや憧れや怒りを表現する必要もなかった」

四歳半の子どもにとって、母の不在は大きな欠落であったはずである。なぜ自分だけに母がいないのか、母に甘えることができる他の子どもたちに憧れ、怒り、悲しんだに違いない。

「文字による自己表現が私に可能になったのは、ずっとあとになってからである。しかし読書の習慣は、積木遊びに飽きたころからすぐにはじまった。（　D　）、それは、私のなかに、母の死による欠落の自覚が定着するのとほぼ時を同じくしてはじまった」

自分だけに母がいないという「欠落の自覚」を埋め合わせたくとも、「母の不在から生じた悲しみや憧れや怒り」を表す文字を知らない。そこで、文字の代わりに積木の軍艦や要塞で懸命に表していたのである。

だから、読書の習慣は積木遊びに飽きたころから始まる。筆者は幼いころに母を亡くしたから、人よりも早く読書の習慣を身につけたのである。

●具体から一般へ

「私はその時期がやや異常に早かったが、人はだれでも、男女の別なく、多くは青春のころに、なんらかの根源的な欠落の自覚に達し、それぞれの積木を積もうとしはじめるものだからである。そして、それと同時に読書の習慣がはじまる。あたかも言葉をもって自分に内在する欠落を埋めようとするかのように、あるいは、表現しようとする自分の悲しみや憧れ、怒りを、他人の表現したもののなかに探し求めようとするかのように」。

個人的な体験から、どこで一般化するのか、それを意識しながら読んできたが、ここでようやく一般化されるのである。

「人はだれでも」から、筆者の体験ではなく、一般的な話に転換する。人はだれでも根源的な欠落を自覚したとき、それを埋めようとするのだが、それが「読書の習慣」をはじめるきっかけとなるのである。筆者の場合、幼いころに母親を亡くしたため、人よりも欠落

8 江藤 淳『読書について』

の自覚が早かったが、多くは青春のころに自覚しはじめることが多いようである。子どものころは親に依存することが多いものだが、思春期になると自立し始める。すると、自分の中の欠落部分を自覚することになる。

例を挙げよう。

欠落を自覚する要因の一つに、異性に関心を抱くことが考えられる。人は異性の前では理想的な自分でありたいと願うものだ。しかし、完全な人間などどこにも存在しない。勉強ができない、運動が苦手である、容姿に自信がない、コミュニケーションが下手であるなど、自分の中の欠落した部分を自覚し、悩みはじめるものである。

では、なぜ読書によって、欠落を埋めることができるのかというと、「自分の悲しみや憧れ、怒りを、他人の表現したもののなかに探し求めようとするかのように」とある。たとえば、小説の中に、自分と同じように幼いときに母を亡くしたけれど、その悲しみを克服していく主人公に出会ったとき、人はその小説にのめり込み、自分が抱えていた欠落を埋めることができる。それが読書の面白さを知るきっかけになるのかもしれない。

●読書の深い営み

最後に、筆者は読書には深い意味が隠されていると指摘する。

読書に没頭するという行為は、「なにがしかの危機の自覚から生まれ、それを乗り越えようとする、自分にも充分には意識されていない意欲に結びついた行為である。したがってそれは、決して受け身ではあり得ない。むしろ能動的で積極的な精神の営みであり、生きる意志の反映だとさえいえるのである」

「欠落の自覚」を、筆者は「なにがしかの危機の自覚」と言い換えている。そして、読書はそうした危機を乗り越えようとする「能動的で積極的な精神の営みであり、生きる意志の反映」だと結論づけている。

文章全体の論理構造

問題提起　いったい人はどんなきっかけで本を読み出すのか（一般的）

〈私の体験〉（具体的）
母の死
↓
欠落の自覚（母の不在から生じる悲しみや憧れ、怒り）

8 江藤 淳『読書について』

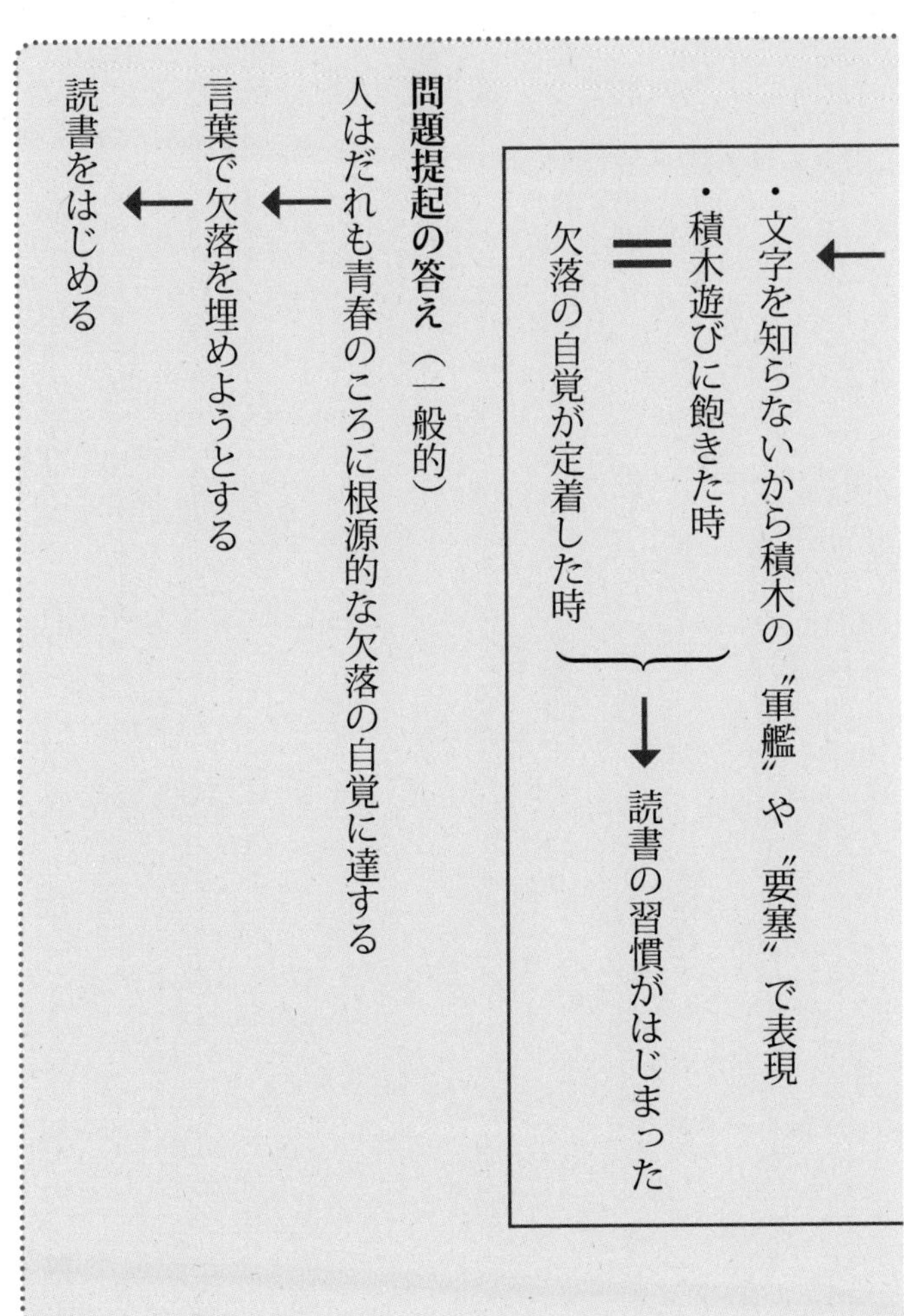
←・文字を知らないから積木の〝軍艦〟や〝要塞〟で表現
・積木遊びに飽きた時
＝
欠落の自覚が定着した時
↓
読書の習慣がはじまった
問題提起の答え（一般的）
人はだれも青春のころに根源的な欠落の自覚に達する
←言葉で欠落を埋めようとする
←読書をはじめる

論理的解法

問二

基本的な問題。「漢字四字」という条件に注意すること。

文の要点は「積木の遊びは（　A　）の試みだった」となる。そこで、積木遊びは幼い私にとってどんな試みだったかを読みとる。

（　B　）の直後に「一生懸命自分を表現しようとしていた」とあることから、「自己表現」あるいは、「自己表出」が答え。

問三

選択肢の中に「なぜなら」があることに注意。「なぜなら～から」と呼応するので、まず「なぜなら」が入る空所があるかどうかを検討すること。

該当するのは、「～が可能だからである」と、「から」があるので、（　C　）の答えを最初に決定する。

（　B　）は、直後の「一生懸命自分を表現しようとしていた」の理由が、直前の「表現しなければならないことは、あまりにも多すぎた」なので、因果関係を示す**ウ**「したがって」が答え。

（Ｄ）は、直前の「飽きたころからすぐにはじまった」で、直後の「時を同じくしてはじまった」とイコールの関係なので「換言」の**ア**「つまり」が答え。

- 接続語の問題は、空所前後の論理的関係から判断する。
- 選択肢に「なぜなら」があれば、最初に検討する。

問四

傍線部の説明問題。まず何を説明すべきか、傍線部自体を吟味して、説明すべきポイントを数え上げるのが手順である。

① 指示語「それ」の指示内容をつかまえる。

直前の「軍艦」「要塞」が指示内容なのだが、本物の「軍艦」や「要塞」ではないので、「積木でつくった」を付け加える。これがポイントの一つ目。

② 「それ」に指示内容を代入すると、「積木でつくった軍艦や要塞は私そのものであった」と論理的におかしな文になる。もちろん幼い「私」が「軍艦」や「要塞」であるはずが

ない。これがレトリックである。そこで、レトリックを一般的な表現に直さなければならない。それがポイントの二つ目。そこで、傍線部①は「積木の軍艦や要塞をつくることで~を表現していた」となる。

③　傍線部①だけを見ると、「私を表現していた」となるのだが、わざわざ「具体的」という条件が付いている。そこで、幼いころの私が一生懸命何を表現しようとしていたのかというと、「その（母の）不在から生じた悲しみや憧れや怒り」が具体的な箇所だとわかる。これがポイントの三つ目。

問五

これも説明問題だが、それほど難しくはない。まず傍線部②を吟味する。「沈黙」とは本来言葉を使わないこと。「言語」はもちろん言葉なので、「沈黙の言語」という言い方自体が矛盾する。

直前には「母親と幼児とのあいだには」とある。幼児はまだ高等な言語表現を持っていないので、「沈黙」はそのままの意味で、「黙っていても」、あるいは、「言語表現を使わなくても」と言い換えることができる。

すると、「言語」が本来の意味とは異なることがわかる。この場合は、「意志や感情が伝わる」「わかってもらえる」などに言い換えれば、正解。

傍線部の説明問題は、まず傍線部自体を吟味せよ。

問六

要約問題。要約問題はポイントとなる要点を抜き出し、それを論理の順番に組み立てる。設問に「この文の筆者にとって」とあるので、筆者の個人的な体験をまとめればいいとわかる。「母の死」と「読書をはじめた」こととの関係をまとめること。

「母の死」↓「欠落の自覚」↓「その欠落を埋める」↓「読書をはじめた」という流れになる。

ただし、単に欠落を埋めるためだけならば、何も読書でなくても、たとえばスポーツや芸術でもかまわないわけだ。では、なぜ読書なのか？

41行目「言葉をもって自分に内在する欠落を埋めようとする」とあるように、「言葉」で欠落を埋めるのだから、読書なのである。さらに「自分の悲しみや憧れ、怒りを、他人の表現したもののなかに探し求めようとするかのように」からも、スポーツではなく、読書でなければならないとわかる。

そこで、「言葉で」「他人の表現したもののなかに探し求める」といった文中の言葉も、大切なポイントとなる。

発展学習

今回は国公立型の記述式問題で、要約問題や説明問題など、記述式の練習に最適である。

要約問題は、文章中の要点を抜き出し、それを論理的な順番に組み立て直して書くこと。

また、説明問題は、まず傍線部自体を吟味して、説明すべきポイントを数え上げてから書くこと。

さらに、抜き出した部分にレトリック（表現上の技巧）があれば、それを一般的な表現に直さなければならない。これが最も困難なのである。

一つ簡単な例を挙げよう。文中に「野球は私の青春そのものだ。」とあれば、レトリック（強調表現）である。これを一般的な表現に直すと、「私は青春時代に野球にすべてをかけた（のめりこんだ）（情熱を注いだ）」となる。

このようにレトリックを一般的な表現に直す必要が多々あることに留意してほしい。

8 江藤 淳『読書について』

随想文問題の解法②

竹内万里子

『沈黙とイメージ
―写真をめぐるエッセイ―』より

合格点
35点

問題▶ P.90

解答

問一 i ア ii イ iii イ iv エ v ウ 5点（1点×5）

問二 ア 3点

問三 ウ 6点

問四 イ 6点

問五 ア 6点

問六 イ 6点

問七 エ 6点

問八 ウ 6点

問九 イ 6点

9　竹内万里子『沈黙とイメージ ―写真をめぐるエッセイ―』より

目標

随想文問題の二題目である。筆者は大学教授で、写真批評家である。ジョナサン・トーゴヴニクの一冊の写真集の日本語版を作ろうと思ったことから、写真とは何かについて思いをめぐらせた文章だ。

筆者は自分の思い（心情）を不特定多数の読者に伝えようとして、具体例や体験（エピソード）を綴る。筆者の心情（評論でいう筆者の主張）をAとすれば、具体例や体験はA′で、そこにはA（抽象）＝A′（具体）と、「イコールの関係」が成立する。

冒頭に筆者の心情（A）がくれば、次にA′がくるし、A′から始まった文章はどこかでAがくる。今回はA′→Aという論理構造を持った文章である。

・随想文問題の解法を確実に身につける。
・「イコールの関係」を読みとる。

冒頭、筆者の体験から始まっている。この部分が長いので、一息に読んでいかなければならない。それらが抽象化されるのは、80行目「人間のあらゆる営みにおいて～」からである。

●ジェノサイドの写真集

ふと立ち寄ったアルルの書店で、ジョナサン・トーゴヴニクの写真集を見て、筆者は衝撃を受ける。「写真と言葉が大胆に組み合わされた本全体から、凄まじい覚悟のようなものが迸っていた」のである。その場で、日本語版を作りたいという衝動に駆られた。

黒人の母子がカメラを見つめて立っているのだが、「それらの写真と組み合わされているのは、母親たちの言葉だ。ジェノサイド（大量虐殺）のときに彼女たちが受けた性的暴行と妊娠、出産、その後の困難な日々をめぐる言葉」だったのである。

25行目から、対立関係を意識すること。この写真と、私の今までの写真の見方が対比になっているのである。

9　竹内万里子『沈黙とイメージ ―写真をめぐるエッセイ―』より

「私はこの本に強く心を揺さぶられると同時に、それまでに自分の前を通過していった夥しい数の写真のことを思った。自分はこれまで何を見てきたのか。写真を見て何かをわかった気になっていただけだったのではないか。それらを見たつもりになって、無邪気に何かを語っていただけで、一つ一つの写真の背後にある現実の複雑さを何もわかっていなかったのではないか」

私は今まで写真をとりまく沈黙を自由に想像すべきだと考えていた。しかし、人は自分にとって都合のよいものしか想像できない。ただ見るだけ、ただ想像するだけでは絶対に足りないのだ。そのことをトーゴヴニクの写真集は私に知らしめてくれたのである。

●ルワンダでいったい何が起こったのか

38行目から47行目までがルワンダでのジェノサイドの説明である。

一九九四年のジェノサイドで、およそ八十万の人びとが隣人によって殺され、二十五万人から五十万人もの人びとが性的暴力の被害者となった。

「さらにそのとき、古今東西における紛争の例にもれず、武器として性的暴力が横行した。

正確な被害者数は定かでないが、二十五万人から五十万人とも言われている。家族を目の前で殺された後に暴行されたり、拉致されて度重なる暴行を受けたりしたケースも多く、半数以上がその結果ＨＩＶウィルスに感染した。彼らは肉体的・精神的に深刻な傷を負っただけではなく、敵の子を妊娠したとしてコミュニティから疎外され、タブー視されたまま、きわめて劣悪な環境で子どもを育てることを余儀なくされた」

さて、十二年後、ルワンダを訪れたトーゴヴニクは偶然にもそうした境遇にある母親のインタビューに立ち会い、その後何度もルワンダに通って、そうした母親たちのインタビューと撮影に取り組んだのだ。

「撮影当時、子どもたちはみな十二歳から十三歳。母親の多くは彼らにまだ本当のことを伝えていなかった。そこで母親がジェノサイドの体験者だからと説明して、カメラの前に立ってもらったという」

カメラの前に立った母親は自分の子どもに自分がジェノサイドの被害者であり、子どもは性的暴力によって生を受けたことを告げたのである。この写真集の日本語版を出すこと

9　竹内万里子『沈黙とイメージ ―写真をめぐるエッセイ―』より

で、誰かのトラウマを蘇らせ、さらに傷つけてしまうかもしれない。そして、国内でその展覧会を制作することになり、筆者はさらに犯しかねない罪の大きさに怯えた。しかし、筆者を突き動かしたのは、母親たちの覚悟だった。

随想文は筆者の心情を読みとる

この写真集の体験での筆者の心情

＝

しかしだからこそ、母親たちの覚悟に満ちたまなざしに触れた以上は、まずその声に静かに耳を傾けるための場を作り出す必要があった。誰かを非難するためでも、人びとの意見を形作るためでもなく、ただ一人ひとりの声に耳を傾け、そっとまなざしを交わすための場を。それが、どれほど困難なことであろうとも。（75行目）

●具体から抽象へ

80行目から、筆者にとっての写真のありようが述べられている。

A′　トーゴヴニクの写真集の日本語版の体験（具体例）

↓

A　私にとっての写真とは（筆者の心情）

このように評論とは異なり、随想文は筆者の心情を綴ったものであるが、それを不特定多数の読み手に向かって論理的に書いたものである限り、諸君は論理をしっかりと追っていけばいいのである。

写真は沈黙するだけである。そうした沈黙に対してできるのは、声なき声を代弁することではない。深い場所で共鳴しながらも、できるだけ静かに低く呟くしかないのだ。

「誰の欲望によっても踏みにじられることのない、限りなく無数のざわめきに満ちた沈黙

9 竹内万里子『沈黙とイメージ ―写真をめぐるエッセイ―』より

の光景を（目指す）。その微かな可能性を信じて、新たな息づかい、新たな身ぶり、新たな言葉を探す。

私にとって写真とは、そのような地平を目指す上で遠い目印となる星のようなものであったのかもしれない」

最後に筆者は写真を見る行為と星を見る行為との類似点を指摘する。星の光が地球に届くには何光年もかかり、私達が目にするそれは今の光ではない。カメラの前の光を収めた写真もその光は今のものではない。どちらもずっと昔、あるいは少し前に存在した光に触れることなのだ。

写真は「カメラの前で光を反射した世界、そこにカメラを向けた人間、そして今ここで写真をまなざす人間という三つの異なる生＝時間が、その光によって結ばれるという、束の間の出来事」なのである。

その束の間の出会いがまれに沈黙の扉を開いたとき、筆者はそこに見えた沈黙の地平を、そこに潜んでいる無数の生のありようを、どうにかして言葉でたぐり寄せることができないかと願っている。

筆者の体験が長文であり、最後の筆者の心情が抽象的で理解しにくかったかもしれないが、選択肢に紛らわしいものが少ないので、高得点を取る必要がある。

問一

		ア	イ	ウ	エ
i	壮絶	強壮	闘争	荘厳	物騒
ii	発端	丹念	端整	大胆	単身
iii	境遇	一隅	不遇	偶像	宮司
iv	出自	慈善	啓示	年次	自治
v	筆舌	必携	匹敵	達筆	分泌

問二

（　X　）の直前に、接続語の「つまり」があることに着目。「つまり」はその前の文と後の文とが「イコールの関係」にあることを示す記号である。

そこで、「写真を見るという行為が究極的には他者の生と切り結ぶことにつながらざるを得ないということ」を言い換えた文だとわかるから、「究極的」の言い換えに近い、**ア**「根本的」が答え。

接続語の「つまり」の後に続く文は、前の文章のまとめか、前文の言い換えになる。

「どのようなものだと考えられるか」という問いの仕方に注意。「どのようなものか」ではないことから、文中に直接書かれていない可能性が高い。ただし、文中の根拠にもとづいて、そこから推測できる範囲で考えること。

傍線部①直前に「政治性を、極限において体現している」とあることから、**ウ**が答え。ジェノサイドの写真集なので、写真家なのに政治に首を突っ込んでいるといったレッテルを貼られる危険性があったのだ。

ア「日本社会を省みなくなった」、**イ**「知ったかぶりをしている」、**エ**「売名行為に走ろうとしている」などが、文中に根拠がないから、×。

「考えられるか」と問われた場合、文中の根拠をもとに、そこから推測可能なものが答え。

問四

まず傍線部②を吟味。「沈黙を、自由と取り違えていた」とはどういうことか。「沈黙」とは写真自体が何も語らないこと。たとえば写真の母子は被写体として存在しているだけで、その思いを語ることはない。そこで、自由に想像していいと思いがちである。しかし、筆者は「人間は基本的に、自分にとって都合のよいものしか想像できない」「写真を見て想像することの思い上がり」と、写真の沈黙を安易に想像することに否定的である。そこで、**イ**が答え。

ア「各々が自由に選択した結果である」、**ウ**「深く考えず自分勝手に単純化していた」、**エ**「言葉を通して初めて可能になる」などが、×。

問五

「想像力を隠れ蓑として」とはどういうことか。傍線部③直前に「写真を見て想像することの思い上がりは、言葉によってとことん知り考える努力を通じてのみ、打ち砕かれるだろう」とある。

「写真」を見て想像するだけではなく、言葉によってとことん知り考える努力をしなければいけないのに、想像力を言い訳にして、それをしないことなので、**ア**が答え。

イ「現実を直視しない」、**ウ**「社会から隠れて想像の世界に逃げ込み」、**エ**「都合のよくない想像を写真から排除する」などが、文中に根拠がないので、×。

文中に根拠のないものはすべて、×。

問六

傍線部④の次の段落に、「私が行動すること自体が、ともすると性的暴力をめぐる誰かのトラウマを蘇らせ、さらに傷つけてしまうことになるかもしれない」とある。「私」がこの写真集を刊行することで、誰かを傷つけたり、様々な問題を引き起こしたりする可能性があるということ。そこで、答えは**イ**。

選択肢の中の「政治」という言葉は傍線部④自体にないが、8行目に「政治性を、極限において体現しているように思えた」とあり、他の選択肢に適切なものがないから、これが答えだとわかる。

ア「自分も逡巡や葛藤を抱えて生きていることに気づく」、**ウ**「(性的暴力が)身の回りにも存在することを知っている」、**エ**「複雑な国際情勢の中では誰もが加害者になりうる」

などが、傍線部④の説明として不適切。

選択肢はあくまで相対的に適切なものが答え。

問七

慣用表現。直後の「藁をつかむ思い」とあることから、**エ**が答え。「薄氷を踏む」とは、薄くて割れやすい氷の上を踏むことから、危険な状態に臨むことのたとえ。

問八

本文末尾の「筆者の心情」を読みとる。筆者は写真の沈黙に対して、89行目「だから、深い場所で共鳴しながらも、できるかぎり静かに低く呟くしかない」と、その思いを述べている。また、本文の最後に「沈黙の地平を、そこに潜んでいる無数の生のありようを、どうにかしてただそれがあるように」とある。そこから、**ウ**が答え。

85行目に「作品は、沈黙に対して何をなし得るのだろうか。それは、沈黙の中に潜む無数の声なき声を代弁することではない。なぜなら代弁という行為は、代弁しようとする者の欲望をおのずと孕んでしまうからだ」とあることから、**ア**「世界へと伝達」、**イ**「真実を明らかにする」、エ「言葉の訴求力を補完して」などが、×。

問九

「本文の内容と合致しない」ものを選ぶ。問八でも取り上げたように、「沈黙の中に潜む無数の声なき声を代弁することではない」とあるので、イ「その声を伝えることが重要である」が内容と合致しない。

発展学習

ジェノサイドと性的暴力という衝撃的な内容に心を奪われがちであるが、あくまでこれは「筆者の体験」であって、文章の要点は写真に関する筆者の心情である。

今回は傍線部の説明問題が中心である。すべてが選択式の問題だったが、説明問題の解法としては、記述式問題を解く場合でも、何ら変わりがない。

国公立型の記述式問題のほとんどが要約問題か説明問題である。そこで、記述式対策としては、選択肢がないものとして、自分で正しい解答文を考えてみることが効果的である。

まず傍線部を吟味すること。傍線部の何を説明すべきかを押さえ、説明すべきポイントを意識すること。

今回の選択肢の多くは傍線部の説明として不適切なものだったので、本文が難解な内容であっても高得点を取ることは困難ではなかったと思う。もしも高得点が取れたとしても、それに油断せず自力で傍線部を説明できるように練習を積んでほしい。選択肢に頼る癖がついてしまうと、選択肢がない記述式問題を解けなくなる。実は国公立型の記述式問題は共通テストや私大の問題でも充分に対策を講じることができるので、今回のような問題を解いた際に、選択肢なしで考える練習をしてみるとよいだろう。

9 竹内万里子『沈黙とイメージ —写真をめぐるエッセイ—』より

● 小説問題の読解と解法

福永武彦『忘却の河』

解答

問一 ウ　6点

問二 最初 むかし囲炉　最後 人だった。　8点

問三 エ　6点

問四 A ウ　B ア　6点（3点×2）

問五 ア B　イ B　ウ A　エ A　オ B　10点（2点×5）

問六 故郷を語ることで、養父母と交わしていた出生を秘密にする約束を反故にすることになり、記憶の彼　12点

合格点 35点

問題▶ P.104

10 福永武彦『忘却の河』

方にあって、忘れかけていた故郷の貧しさを思い出すことになるから。

問七 イ　2点

※問六――出生を秘密にする約束…6点／忘れかけていた故郷の貧しさ…6点

目標

最後の問題は小説問題である。小説問題の設問の大半は登場人物の心情を問うものである。そこで、登場人物の心情を表す、セリフ、動作、情景描写などをあらかじめチェックしてから問題を解いていこう。

小説は無意識に主観を入れて読みがちなので、必ず文中の根拠を拾い出し、登場人物の心情を客観的に把握すること。

また、大抵の小説問題は長い小説の一場面を切り取ったものであるから、その場面がどんな時代の、どんな状況なのかを読みとっておくことも重要である。これらを把握しておくことで、文章を客観的にとらえやすくなる。

- 登場人物の心情を客観的に把握する。
- 切り取られた場面の状況を把握する。

論理的読解

この問題も、やはり長い小説の途中の一場面である。

まず「私」と妻、二人の置かれている状況を読みとること。

妻は昨年の冬の初めに亡くなっていて、この場面の小説の大半が回想シーンから成り立っていることに注意。

●私のふるさとと妻のふるさと

妻との間にはどうしても「心の通わない一種の壁」のようなものがあったが、死の直前、「私」は妻を愛していたことを痛切に感じるのだった。そして、「心の通わない一種の壁」

10 福永武彦『忘却の河』

を物語るエピソードが、妻が死ぬ数日前の二人の会話である。

二人の会話を通して、「私」の心情を把握する。特に「心の通わない一種の壁」を読みとることが必要である。

妻が「私」のふるさとについて訊いてくる。「私」は最も痛い部分に触れられた気がして、話をはぐらかそうとした。私はこの家に小さい時に貰われてきたのである。「私」のふるさとは雪の深い東北の貧しい土地だった。それを隠してきたつもりだったのに、妻はうすうす気がついていたのだった。妻は夫婦になって長い間一緒に暮らしていながら、ふるさとの話をしない「私」に、「人には言いたくないことがあるものですがね」と言い、この言葉にも「心の通わない一種の壁」が読みとれる。

その後、二人の間で「私」が自分のふるさとについて話さなかったことについての会話がされるが、妻は「でもあなただって、時々はふるさとのことを考えるでしょう」と「私」のふるさとについて再び訊いてくるのだった。そして、「私」は考えるのである。記憶も薄れ、両親の顔も同胞の顔も思い出すことが出来ない土地をふるさとと言えるのだろうかと。「私」はそのふるさとを懐かしいと思うことさえもない。その一方で、東京生まれの妻は、自分のふるさとは海にあるような気がすると言うのだった。青くて、深くて、涯がない海に。

論理的解法

問一

傍線部①直後に「ふるさとって、ただの生れた場所というのとは違うんじゃありませんか。もっとどこか遠いところにあるような」とあることから、病床にありながら、どこか遠くに思いを馳せていることがわかる。そこから、**ウ**が答え。

本文に根拠がないものは、すべて消去すること。問題制作者は、無意識に主観を入れて読んでいる人を判別するために、こうした選択肢を作っているのだから。

ア「病気で衰弱したため視線が定まらず」、**イ**「目の前にいる夫に失望し」、**エ**「夫を恨み」、**オ**「死が近いことを悟り、現世に未練を残すまいと決意」などが、本文からは読みとれない。

- 傍線部前後を必ずチェック。
- 本文に根拠がないものは、すべて、×。

問二

「断片的」「文中のここより前の部分から」「九十字以内」などの条件に注意。これだけの条件を満たす箇所はおのずと限られてくる。

自分のふるさとを回想した場面を探す。20行目「ガスストーブの上で薬罐が滾っていた」までは、まだ妻と会話をしている場面。その直後の「むかし囲炉裏を囲んだ子供たちが眼を注いでいる中で、鍋の木蓋が時々持ち上っては、しゅうしゅうとうまそうな匂いのする湯気を吹き上げていた。彼はその子供たちの一人だった。」が、該当箇所。

抜き出し問題は条件チェックが大切。

問三

傍線部③直前の「私」の心情をつかまえる。40行目に「わたしはそのふるさとを懐しいと思うことさえもないのだ」とある。「私」にとってふるさとの話題は、自分の最も痛い部分に触れるものだったのである。そこから、**エ**が答え。

ア「妻に生きる意欲を取り戻させよう」、**イ**「その感動を率直に口に出した」、**オ**「若いころの思い出が懐かしくよみがえってきた」は、40行目の心情とつながらないから、×。

ウ「自分のふるさとも海にあったことを思い出した」は、文中に根拠がない。

問四

辞書的な意味を問うものだが、前後の文脈から意味を推測することができる。

A　直前に「昔のことはみんな忘れてしまった」とあり、それを聞いた妻が「私」に対して思うことが書いてあるのは**ウ**。

B　「同胞」は母が同じである兄弟姉妹のことだが、もし意味がわからなくても、直前の「両親の顔も」から考えることができる。**イ**「双子の一方」は、本文にその存在が書かれていないので、迷ったとしても**ア**を選ぶのが妥当。

問五

ア「私」の妻は「おじいさん」「おばあさん」と呼んでいるが、29行目に「小さい時にどこからかこの家に貰われて来て」とあり、実際の祖父母かどうかはわからないので、B。

イ　子どもがいるかいないかは文中に書かれていないので、B。

ウ　10行目「お前はちゃきちゃきの江戸っ子じゃないか、ふるさとにずっと住んでいるんじゃないか」から、Aと判断できる。

エ　3行目「私と妻との間にどうしても心の通わない一種の壁のようなものがあった」から、A。

オ　「妻の病気の原因が自分にある」とは、書かれていないので、B。

問六

ポイントをしっかりと押さえること。

「妻の質問」とは、「あなたのふるさとはどこ」というもの。ふるさとを語ることがなぜ「痛い部分に触れ」ることになるのかを読みとる。

一つは「私」は貰われてきた子どもで、それは32行目「人には言わないという約束だった」からである。

また、「主人公の生い立ちに注目して」という条件から、39行目「雪の深い東北の山国の河べりにある貧しい土地だった」をつかまえる。

問七

文学史の基本的な問題である。それぞれの作品の作者名を挙げておく。

ア　川端康成　**イ**　堀辰雄　**ウ**　三島由紀夫　**エ**　谷崎潤一郎

オ　伊藤左千夫

発展学習

作品の時代ははっきり書かれていないが、「私」の子ども時代の東北の貧しい生活から、少なくとも現代ではないとわかる。

受験生の諸君には、まだ夫婦生活や、死を目の前にした心境など、すんなりと理解できるはずがない。だから、自分の主観で判断してしまうと、大きな読み間違いをしてしまうことになる。そして、選択肢はそうした主観的な読み方をした人が間違うように作られているのである。

短い場面なので、丁寧に、根拠となる箇所を一つひとつチェックしていけば、おのずと正解を導くことができるはずである。

10 福永武彦『忘却の河』

水王舎